CW00816443

Einaudi. Stile Libero Extra

Antonella Lumini e Paolo Rodari

La custode del silenzio

«Io, Antonella, eremita di città»

Einaudi

La custode del silenzio

Pustinia.

Stamattina questa arcana parola è rimbalzata piú volte nella mia mente, mentre in treno partivo da Roma alla volta di Firenze. Sí, ho deciso: oggi entrerò in pustinia. E anche se mi sento pronto, anche se Antonella mi ha spiegato, sono un po' ansioso.

Cosa mi dirà il silenzio?

Ho riletto gli appunti dei nostri dialoghi. È trascorso piú di un anno dalla prima volta che sono stato a casa sua, e non so spiegarmi perché solo dopo tanto tempo mi sia deciso a chiederle di poter varcare la porta della pustinia.

«Il silenzio parla, siamo noi che non sappiamo ascoltare», mi ha piú volte ripetuto, facendomi intuire che ognuno ha il suo momento, l'ora X in cui accetta di porsi in ascolto. Non serve forzare i tempi, piuttosto saper attendere.

Antonella abita in un antico palazzo nel centro di Firenze. Vicino all'entrata c'è la cucina, un ambiente piuttosto spazioso con una grande cappa di pietra sopra i fornelli, un tempo probabilmente alimentati a legna. Le nostre conversazioni le abbiamo fatte qui, seduti al tavolo di marmo bianco, davanti a una tisana preparata con erbe sempre diverse.

Anche oggi sediamo qui. Antonella è abituata a ricevere visite; però, trascorrendo molte ore in silenzio, ha bisogno di qualche minuto per ingranare nei ritmi della conversazione.

Le racconto del mio lavoro, della vita a Roma. Lei mi ascolta guardandomi con i suoi occhi scuri. E, come al solito, l'impressione è che loro, gli occhi, sappiano già ogni cosa prima che io parli. Sanno osservare, scrutare, paiono naturalmente capaci di cogliere tutto da pochi indizi.

Pian piano la tisana calda scioglie le parole. Le rende piú agili. Il tempo passa veloce senza che me ne renda conto.

– Si è fatto tardi, – mi dice Antonella. – Vogliamo andare in pustinia?

Dalla cucina imbocchiamo un ampio corridoio finestrato. Saliamo alcuni scalini ed entriamo in una stanzetta quadrata, illuminata da un lucernario incassato fra le travi.

Accostato alla parete di sinistra, sopra una stuoia, c'è un materasso. A destra una sedia e una piccola cassapanca di legno. In mezzo un tappeto e un panchetto. Sotto il lucernario, poggiato su un piccolo tavolo, un lumino davanti a una croce di legno, appesa al muro poco piú in alto. Di lato, su una mensola, un'icona della Madonna della tenerezza.

Antonella si sistema sul panchetto con le ginocchia che toccano terra.

– Mettiti dove vuoi, – mi dice. – C'è chi si siede per terra, chi su un cuscino o sulla sedia, chi sul materasso.

Scelgo la sedia. È un po' scomoda, o forse sono io che non riesco a trovare la giusta posizione.

Accende il lumino, quindi si alza. Esce, ha dimenticato qualcosa. Dopo pochi istanti ritorna con una piccola campana tibetana fra le mani. La posa davanti al panchetto.

– Ha un suono molto vibrante, – mi spiega. – La uso per scandire i tempi. Tre colpi leggeri prima d'iniziare, altri tre alla fine, per indicare che il tempo del silenzio è terminato.

Si toglie le scarpe e prende di nuovo posto. Poi mi spiega alcune cose.

– Mettiti a tuo agio, Paolo. Non essere rigido. È importante che il corpo stia comodo. Siamo qui per vivere un momento di abbandono.

– Abbandono? Dobbiamo abbandonarci a chi, a che cosa?

– Allo Spirito Santo creatore che ci pervade, al suo abbraccio che ci contiene. È come un grembo materno che ci accoglie. Qui devi portare tutto te stesso. I tuoi pesi, le tue sofferenze, la tua vita, le gioie, i dolori. I rapporti a cui tieni, le persone che ami. La tua parte consapevole, ma anche quella inconscia. La luce dello Spirito tutto vede, penetra, rigenera. Anche le ferite profonde, quelle che nascondiamo perfino a noi stessi. Se vuoi puoi nominare qualcuno o parlare di certe situazioni in modo esplicito, oppure solo evocarle nel cuore dove rimangono custodite, perché il cuore è il luogo della memoria. Puoi non dire nulla, restare qui, in questa presenza amorosa.

A essere sincero mi aspettavo di ricevere delle indicazioni precise su come sedere, su come respirare. Invece no. Ciò mi rende un po' ansioso, come accade a chi non sa che cosa lo aspetta. Forse Antonella lo intuisce, e riprende il suo discorso per tranquillizzarmi.

– C'è chi ha difficoltà a esprimersi e impara ad ascoltarsi interiormente. C'è chi sente subito il bisogno di parlare. C'è chi all'inizio non riesce a dire nulla poi, piano piano, si apre. Le reazioni sono diverse, l'importante è percepire che il silenzio è abitato dallo Spirito Santo, che avvolge, scava, risveglia la nostra scintilla interiore.

Ascolto con attenzione, quasi assorto. Lí per lí non so che dire, di ferite ne ho, ma le sento confuse.

Antonella è sempre in ginocchio. Sento la sua presenza ferma. Lentamente inizia il canto d'invocazione allo Spirito; mi invita a ripeterlo insieme a lei, ma non me la sento. Chiude gli occhi, la testa appena reclinata su di un lato.

– Ruah Elohim, Ruah Elohim...

«Spirito di Dio» in lingua ebraica. Ripete quelle parole
piú volte. Vibrano nella stanza come un mantra, e vibran-
do penetrano nel corpo e nell'anima. La voce passa da toni
bassi a toni piú acuti toccando ciò che trova chiuso, apren-
do, dilatando. Poi diviene cristallina come il suono di una
corda ben tesa che si diffonde per lunghi istanti. Sembra
stia chiamando qualcuno o qualcosa che abita lontano.

Il canto sfuma, lentamente muore.

Antonella riapre gli occhi, ed ecco il suono della campana tibetana. Il primo colpo, il secondo, il terzo.

Rimango immobile, ma sono contratto, non riesco ad
abbandonarmi. È come se fossi legato. Avverto una pesan-
tezza nel corpo, l'accavallarsi di pensieri nella mente. Non
sono abituato a momenti di silenzio cosí lunghi e intensi.
Mi pervade una specie d'irrequietezza, un disagio tra me
e me. Vorrei uscire, respirare aria fresca.

Pian piano mi quieto. Percepisco il mio respiro, il cuore che batte. La vita fluisce in me, mi commuovo. Dopo
un po' affiora un'immagine lontana. Risale dal profondo
il mio volto di bambino, scorgo negli occhi innocenti il
sogno che fin da piccolo porto nel cuore. È ancora vivo
e comprendo che non ci ho mai fatto seriamente i conti.
È rimasto lí, sullo sfondo, non gli ho dato l'importanza che forse meritava. È strano che si ripresenti proprio
qui. In pustinia si fa strada con forza. L'immagine è davanti a me. Anzi no, non davanti: l'immagine sono io,
è il volto piú segreto di me stesso. Intanto il silenzio si
srotola fra i miei pensieri. È come se il tempo non fosse
piú, non scorresse.

D'un tratto ecco di nuovo il suono della campana. Vibra lentamente. Una, due, tre volte.

Antonella riapre gli occhi, solleva la testa.

Un forte bisogno di parlare mi spinge a raccontare il mio sogno. Riesco a dargli voce, a nominarlo liberandolo un po' dalla nebbia che lo avvolgeva, ma sono solo poche parole. Non so decifrare bene le emozioni, le sensazioni, non aggiungo altro. Mi zittisco subito.

Antonella mi guarda e bisbiglia: – Bisogna fidarsi delle intuizioni che sgorgano dal silenzio. Lo Spirito parla nel cuore quando le voci esteriori si quietano.

Rimaniamo in silenzio ancora per alcuni minuti, poi lei mi porge il Vangelo e mi invita ad aprirlo. – Adesso, se vuoi, puoi leggere il brano che ti cade sotto gli occhi. Il silenzio parla attraverso la Scrittura. Vediamo cosa ha da dirti.

Sfoglio qualche pagina fino a che il mio sguardo si ferma sul Vangelo di Marco, capitolo XIII, versetti 28 e 29.

«Dal fico imparate questa parabola: quando già il suo ramo si fa tenero e mette le foglie, voi sapete che l'estate è vicina; cosí anche voi, quando vedrete accadere queste cose, sappiate che egli è vicino, alle porte».

Subito penso che l'estate è vicina. Che il mio sogno sta prendendo corpo. Non è piú un'immagine evanescente, l'ho nominato, ha trovato posto nella mia coscienza. Sta maturando in me l'anelito custodito nell'anima.

Ci raccogliamo di nuovo. Anche se non riesco ad abbandonarmi del tutto, restare lí, in quel luogo, mi aiuta a entrare in contatto con me stesso. Penso con gioia che l'estate è alle porte. Una dolce speranza si fa spazio dentro di me, comincio a credere con fiducia che il mio sogno diventerà presto realtà. Avrei altre cose da far emergere. Le sento muoversi, agitarsi. Come se questi lunghi minuti di silenzio avessero fatto saltare un tappo. Avverto una massa oscura che vorrebbe uscire per farsi conoscere, ma mi placo, per oggi può bastare.

Non penso piú a nulla. Sento la pace dentro di me.
Antonella ringrazia e mi invita a recitare il Padre Nostro.
Con calma, ci alziamo e usciamo.

È tardi, devo correre alla stazione. La saluto. Scendo
in fretta le scale. Dopo pochi passi sono in piazza Santo
Spirito. La attraverso passando fra i banchetti dei contadini. La basilica mi guarda silenziosa e rassicurante con la
sua nuda facciata color latte.

2.

Il giorno che conobbi Antonella a colpirmi fu il volto.
Emetteva luce. Tanto che sul momento i suoi lunghi capelli grigi, raccolti sulla testa, mi sembrarono fuori posto,
come dissonanti rispetto a un viso cosí luminoso. Fino a
quel momento avevamo comunicato solo per telefono, eppure il suo sguardo mi fece sentire subito uno di casa.

Ricordai che avevo già provato una sensazione simile.

Parecchi anni fa mi capitò di essere ospitato per due
giorni nella foresteria di un monastero di monache di
clausura. Anche con loro, prima del mio arrivo, avevo
avuto soltanto contatti telefonici, molti dei quali neppure andati a buon fine; avevo chiamato in orari sbagliati,
quando le monache pregavano o si dedicavano al silenzio, e non avevo potuto fare altro che lasciare dei messaggi in segreteria.

Mi presentai una sera d'inverno. La madre superiora
aveva dato disposizione di aspettarmi. Afferrai il grosso
campanaccio appeso al portone esterno e tirai. Il rintocco
mi tramortí, ed ebbi paura d'aver svegliato tutti. Ero cosí
imbarazzato che stavo per andarmene, ma subito sentii girare la chiave e due monache, una piú anziana, l'altra giovane, mi accolsero con un sorriso sereno e luminoso che
quasi m'abbagliò.

– Ben arrivato, Paolo, – mi dissero con grande cordialità.

– Mi spiace per l'ora, – risposi un po' impacciato.

– Non preoccuparti, – continuarono dandomi del tu.
– Sapevamo che saresti arrivato tardi. Non c'è nessun problema.

Non so motivare bene quanto sto per dire, ma ebbi l'immediata sensazione di essere a casa, appunto, in un luogo dove era normale che io fossi atteso, e che le persone che mi aspettavano sapessero tutto di me, quasi dietro i loro sorrisi ci fosse una comprensione totale della mia persona.

Il giorno successivo ebbi l'occasione d'incontrare altre sorelle nei parlatori, piccole stanze divise in due da una grata di ferro. Io da una parte, loro dall'altra. La situazione era così strana che una volta uscito faticavo a ricordare i discorsi. In compenso mi si erano scolpiti nella mente i volti, la luce che emettevano, la pace che emanavano da dietro la barriera che ci separava.

– È normale, – mi disse una delle monache quando le raccontai quell'impressione, – siamo tutto il giorno a contatto con Dio, perciò ne riflettiamo la luce. È una cosa che notano molti di quelli che vengono a trovarci.

La risposta mi colpí, e in seguito pensai che, forse, il velo col quale le claustrali coprono i capelli non è solo segno di rinuncia o di sottomissione, serve anche a far risaltare il viso, perché tutti possano coglierne la luminosità.

Arrivai da Antonella che era mattina presto.

Il motivo per il quale le avevo chiesto di incontrarla era un'inchiesta sui nuovi eremiti che dovevo realizzare per il mio giornale. Mi ero preparato leggendo alcuni articoli sulle persone che scelgono di ritirarsi non piú, come accadeva un tempo, in grotte inaccessibili o fra sperdute montagne, ma in appartamenti anonimi, magari in soffitte nascoste, nel cuore delle nostre città. Era stata un'amica a suggerirmi il suo nome. Mi aveva detto che era un'eremita sui generis, che viveva in solitudine nella sua casa nel centro di Firenze e che per mantenersi lavorava part time alla Biblioteca Nazionale, dove si occupava di libri antichi, soprattutto di Bibbie.

Fu proprio durante il primo incontro che Antonella mi parlò della pustinia, una forma eremitica tipica della tradizione ortodossa che lei stessa aveva scoperto grazie alla lettura di un libro, *Pustinia: le comunità del deserto oggi*, di Catherine de Hueck Doherty, uscito in Italia alla fine degli anni Settanta. Subito aveva sentito una forte sintonia con quell'esperienza, che corrispondeva, in parte, a ciò che lei stava vivendo.

– Cosa significa esattamente la parola *pustinia*? – le domandai.

– Nella lingua russa vuol dire deserto. Ma per un russo indica molto piú che un semplice luogo geografico. Designa un posto solitario e tranquillo in cui si può entrare per trovare il silenzio. Un luogo esteriore che aiuta a discendere nel silenzio interiore. I *pustinikki*, nella Russia dei secoli passati, erano uomini e donne che lasciavano tutto per ritirarsi in luoghi solitari, «nel loro cuore bruciavano dal desiderio di essere soli con Dio e il suo immenso silenzio»[1]. Questo irresistibile richiamo comporta la rinuncia a sé stessi. Silenzio e solitudine spogliano, per questo entrare nel deserto, nella pustinia, apre all'ascolto di Dio. Ma in Russia era molto frequente trovare anche nelle case un angolo nascosto da una tenda, da un paravento, in cui, seppure in famiglia, ci si poteva ritirare per restare da soli. Sarebbe una cosa molto utile anche da noi, per permettere alle persone di staccare dalle tensioni e dal continuo bombardamento mediatico che incombe.

---

[1] C. de Hueck Doherty, *Pustinia: le comunità del deserto oggi*, Jaca Book, Milano 1981, p. 44.

Il particolare della tenda mi colpí. Pensai subito dove avrei potuto creare quell'angolo a casa mia.

Catherine Doherty fu una grande scoperta anche per me. La sua storia, il suo messaggio facevano proprio al caso mio. Fuggí dalla Russia al tempo della rivoluzione bolscevica. Per la profondità spirituale e l'impegno sociale può essere paragonata a Madre Teresa, a Dorothy Day, a Suor Emmanuel, solo che la sua storia è molto meno conosciuta. Il bellissimo libro in cui racconta la propria esperienza è un vero classico per la vita spirituale del nostro tempo. Nata nel 1896 da una famiglia facoltosa, si sposò giovanissima con un cugino di nobile lignaggio da cui ebbe un figlio. Aveva poco piú di vent'anni quando lasciò il proprio Paese e, dopo un breve periodo in Europa occidentale, si trasferí in Canada. Qui il suo matrimonio entrò in crisi. In seguito ottenne dalla Chiesa l'annullamento, si risposò, lavorò, divenne ricca, finché, spinta da un forte richiamo, decise di lasciare i propri beni ai poveri e, col consenso del marito, fondò in Canada una famiglia religiosa, Madonna House, aperta al servizio e all'accoglienza dei bisognosi.

Catherine aveva la spiritualità russa nel sangue e, sebbene il mondo occidentale in cui viveva fosse già allora dominato dalla tecnica, dalle comunicazioni di massa, dalla mercificazione, sentí l'esigenza di impiantare una pustinia. Come nella Russia contadina, anche a Madonna House si cominciò a vivere l'esperienza del deserto. Nacquero piccole casette in mezzo alla foresta dove si potevano sperimentare silenzio, solitudine, digiuno. Erano sufficienti un letto, un tavolo, un'icona, una Bibbia. Di lí a poco, tuttavia, Catherine comprese che il silenzio doveva divenire una dimensione interiore, e che la pustinia poteva essere vissuta anche «in mezzo alla piazza». Con questa affermazione voleva alludere all'importanza di preservare e custodire il silenzio nel profondo del cuore. Giunse cosí a proporre un paradosso: vivere un'esperienza concreta di deserto nelle nostre metropoli; vivere silenzio, accoglienza e ascolto nell'assordante mondo contemporaneo. Questa era la modalità secondo lei necessaria per far crescere giustizia e amore all'interno della comunità umana. Si definí una «non teologa», ma in lei e tramite lei, parlava una straordinaria saggezza che gettava un ponte fra il cristianesimo d'Oriente e quello d'Occidente.

Nel lungo articolo sui nuovi eremiti parlai ampiamente di Catherine, e parlai di Antonella. Scrissi il pezzo di getto, per le pagine culturali del mio giornale. Dopo averlo pubblicato pensai che tutto fosse finito lí, invece il silenzio, in minima parte sfiorato e conosciuto grazie a quel reportage, scavò dentro di me.

3.

Non ero mai stato nella casa di un'eremita e la prima
volta che vi entrai ero curioso di capire che impressione
ne avrei ricevuto. Varcato il cancello di ferro dell'antico
palazzo nel cuore di Firenze mi ritrovai davanti una larga scala di pietra, che superata la prima rampa diventava
un po' piú stretta e ripida. Salii con calma, finché trovai
una porta aperta. Antonella era sulla soglia, ad aspettarmi.

L'appartamento, posto all'ultimo piano, non era proprio come me l'ero immaginato. Un rifugio, sí, ma composto da parti disomogenee, come se fossero state costruite
in tempi diversi. Girava tutto intorno a un ampio cortile,
e un suggestivo gioco di finestre allineate permetteva di
scorgere, dall'ingresso, il verde su cui si affacciavano le
camere sul retro.

Mi sembrava una casa costruita su una pianta, fatta di
stanze e luoghi dissimili, inconsueti, però ben accordati
fra loro, adattati alla struttura portante di questa città so-
bria, dalle linee severe. A un tratto Firenze mi appariva
come un grande albero formato da un immenso intrico di
rami, un apparente caos nel quale, tuttavia, ogni cosa era
dove doveva essere.

– Attento ai gradini, – mi disse Antonella guidandomi.
– Ecco, qui ce n'è un altro.

Ogni particolare, in quello strano ambiente, era curato,
sebbene non secondo canoni usuali. Ad esempio il divano

non si trovava nella sala, bensí nel corridoio, di fronte a
un'ampia finestra.

– Questo, – mi disse, voltandosi verso di me, – è il mio
angolo preferito. Qui mi fermo a leggere, a rispondere al
telefono, che purtroppo certe volte non smette di squilla-
re e allora devo staccarlo. Nel pomeriggio ci batte sempre
il sole, c'è una luce che mette allegria.

Di lato notai un armadietto bianco di legno.

– Qui sono raccolti i miei quaderni. Custodiscono le
parole sgorgate in tanti anni di silenzio, – mi spiegò pro-
seguendo oltre.

Quella che, a logica, avrebbe dovuto essere la sala era
una stanza piuttosto spoglia, con diverse sedie, un tappeto nel mezzo, una libreria, poche suppellettili e un piccolo camino con la legna già preparata. Tutto sommato una
stanza accogliente, anche se non riuscivo a comprenderne bene l'uso.

Fu Antonella a spiegarmi.

– La pustinia, – mi disse, – è un ambiente piccolo. Va
bene per rimanere da soli, per ascoltare qualcuno. Possiamo entrarci al massimo in due o tre. Invece quando
ci ritroviamo per condividere il silenzio in piú persone
stiamo qui. Ci sediamo sulle sedie o per terra a meditare
insieme. C'è tutto quanto occorre: un tappeto, la campana tibetana, il lume nel centro, il testo sacro. C'è pure
qualche panchetto.

Mi affacciai a una finestra da cui si intravedeva il verde. Mi apparve un rigoglioso giardino pieno di grandi alberi: cipressi, pini, acacie e perfino alcune piccole palme.
In basso rovi di rose, ortensie, gardenie, siepi di alloro.
Non mi aspettavo un cosí ampio spazio verde fra quegli
austeri palazzi.

Dopo la sala mi trovai di fronte un altro vano. Mi soffermai qualche istante piú del dovuto a guardare. Antonella mi invitò a entrare, era la sua stanza.

Anche lí c'erano poche cose, nulla di superfluo. Un armadio di legno verniciato di bianco, un semplice letto, un tavolo con un computer portatile acceso, un comò con sopra numerose foto. Fra i tanti volti riconobbi Teresa di Lisieux e padre Giovanni Vannucci.

– Ci sono anche le immagini delle persone a me piú care di cui ti parlerò: Chiara di Cerbaiolo, monsignor Bonanni, la mia mamma... Sai, – mi disse, – sto molto in compagnia di coloro che sono già di là. Li sento presenti, vivi. Stare con loro è una vera beatitudine. Questo è il mio angolo di paradiso. Silenzio e solitudine predispongono al contatto con i mondi interiori, dilatano i confini.

Dal giardino, attraverso la finestra aperta, entrava una luce che illuminava ogni cosa. Mi fece provare un po' d'invidia. Non tutti hanno a disposizione un luogo cosí bello e nascosto in cui ritirarsi a studiare, a scrivere.

Fu ancora Antonella a farmi notare un particolare importante.

– Vedi il mio computer? È proprio di fronte all'immagine della *Madonna del parto* di Piero della Francesca. Scrivo lí nella speranza che ogni lavoro sia ispirato dallo Spirito: un parto del silenzio senza intromissioni.

– Pensavo di trovare chissà quanti libri, – le dissi un po' stupito.

– Li ho di là, in altre stanze. Non sono tantissimi, non leggo molto, preferisco meditare. Qui mi basta la Bibbia, a cui via via aggiungo libri di spiritualità, soprattutto mistici.

La nostra breve visita si concluse nella cucina.

Antonella mi fece accomodare e, dopo avermi offerto biscotti di vario tipo, mise a scaldare l'acqua per la tisana.

– Quindi è cosí la casa di una eremita? – le chiesi a bruciapelo.

Sorrise e, dopo aver preso un respiro, rispose: – Sinceramente non lo so. Non amo troppo definirmi tale. Non mi piacciono le etichette. Sembrano fatte apposta per omologare le persone, come se tutto dovesse rientrare in canoni prestabiliti. Sono una donna che a un certo punto della vita ha scoperto il silenzio. È stato un richiamo irresistibile. È successo piú di trent'anni fa. Vedi, il problema non è trovare una connotazione, bensí denudarsi, spogliarsi da ogni identificazione. Attraversare il vuoto. È tutta un'altra cosa. Desidero il nascondimento. Mi sento come un canale vuoto in cui scorre la luce, ma anche la tenebra. Sono una semplice battezzata, tutt'al piú una custode del silenzio.

4.

Da tempo desideravo incontrare un mistico, qualcuno che vivesse un rapporto solitario con Dio. Pensai che Antonella potesse essere quella persona e infatti, dopo alcuni colloqui, ebbi la conferma di quanto avevo intuito. A quel punto fu naturale decidere di scrivere un libro con lei. Raccontare la sua esperienza per parlare del silenzio, della possibilità di vivere il silenzio oggi, di aprirsi alla vita interiore.

Torno spesso a trovare Antonella. Sono sempre piú attratto dal silenzio, dalla pustinia, ma sono anche desideroso di conoscerla, di ricostruire il suo particolare percorso maturato in lunghi anni.

Come ho già detto, i nostri incontri si svolgono quasi sempre in cucina, davanti a una tisana.

– È un po' il cuore della casa, – mi dice, – o meglio è il crogiuolo dove avviene la trasformazione degli elementi. Cuocere cibi, impastare farine, fa ricordare che anche la vita trasmuta.

È un ambiente vissuto, se ne percepisce il calore. Appesa alla parete c'è una vetrinetta di legno nella quale si intravedono bicchieri, ciotole, tazze di vari colori. Sopra l'acquaio una piattaia e al suo fianco una specie di mensoliera a piú ripiani ricolma di vecchi barattoli di vetro, tipo quelli che si usavano una volta nelle farmacie, pieni di semi di vario tipo.

– Che cosa sono tutte queste granaglie? – le chiedo.
– Cereali: farro, miglio, fiocchi di girasole, di avena, riso di ogni genere, grano saraceno. Questi, invece, sono fagiolini rossi di soia. Poi c'è l'argilla, che uso spesso come rimedio per vari stati infiammatori. Ho sempre cercato di curarmi con cose naturali. La terapia migliore, comunque, è un buon cibo cucinato con amore e con prodotti semplici, il meno possibile trattati.

Ripercorriamo insieme il suo passato, cercando di individuare le tappe piú importanti, i tratti piú significativi del suo viaggio interiore.

Che cosa l'ha spinta a desiderare la solitudine? E, soprattutto, perché oggi, dopo lunghi anni di nascondimento, ha deciso di parlare? Sono queste le prime cose che vorrei capire.

Sollecitata dalle mie domande, risponde con serenità.
– Da un po' di tempo avverto il bisogno di uscire allo scoperto, ora sono pronta a fronteggiare il mondo, sento che devo parlare. In verità ho già cominciato a farlo pubblicando alcuni libri, incontrando persone. A un certo punto ho sentito una spinta a comunicare la mia esperienza nella certezza che questa, avendo aiutato me, avrebbe potuto essere di aiuto ad altri. È ormai iniziata una nuova fase, ma prima di muovermi ho dovuto aspettare che si creassero le condizioni, senza forzare niente. Ho taciuto per oltre trent'anni. Ho custodito il silenzio come il bene piú prezioso, come le vestali custodivano il fuoco. Arriva un momento, però, in cui non si può piú tacere. Se uno rimane in ascolto comincia a percepire i movimenti interiori, a familiarizzare con dimensioni sottili. Le leggi spirituali funzionano come le leggi naturali. Un seme gettato nella terra prima deve rimanere nascosto, macerare, e solo in seguito,

nel suo tempo, spunta fuori. Lo stesso vale per la vita dello spirito. Sono rimasta nascosta per anni, tutto il tempo necessario alla gestazione, ma adesso è arrivata l'ora del parto. Devo parlare, far tracimare questo fiume interiore. Ho sempre saputo che quanto ho ricevuto non era solo per me.

Queste parole mi ricordano subito ciò che scrive nel suo libro Catherine Doherty:

> Entrare in pustinia significa ascoltare Dio. Significa entrare nella kenose, l'annientamento di sé. [...] chi è chiamato alla pustinia deve andarci o morire, perché Dio l'ha chiamato [...] per parlargli in quel silenzio terribile, in quel silenzio soave e amoroso! Perché Dio ha qualcosa da dire a coloro che chiama alla pustinia, e ciò che Dio dice loro, il pustinik deve ridirlo come fanno i profeti[2].

Quasi d'un tratto avverto un'emozione e comprendo cosa sta accadendo. Lí, in quel momento, mentre sorseggiamo la nostra tisana, sta germinando qualcosa che è maturato pian piano attraverso gli eventi quotidiani piú semplici, ripetuti con fedeltà, costanza, gioia, ma anche con sofferenza. Mi rendo conto che il mio incontro con Antonella non è avvenuto per caso. È stato come preparato miscelando insieme il mio anelito verso la vita interiore, che si è rivelato anche attraverso l'indagine giornalistica, e la costante fedeltà di Antonella al richiamo che l'ha tenuta nascosta in quella disarmata solitudine, completamente affidata al silenzio.

– È stato difficile custodire questo richiamo. Nessuno prende a cuore simili vicende, nessuno le riconosce. Io sapevo solo di dover custodire. È lo Spirito Santo che può aprire le strade. Mi affidavo, rimanendo in attesa. Affidarsi significa deporre tutto nella dinamica creatrice e attende-

---

[2] Doherty, *Pustinia: le comunità del deserto oggi* cit., pp. 44-45.

re. Certo, bisogna fare giorno dopo giorno la propria parte faticosa. Accettare di rimanere lí, nel buio, senza vedere niente, senza capire dove si sta andando. Tutto questo è necessario affinché gli eventi maturino e l'opera creatrice entri nel tempo. Non si tratta di essere creativi, ma con-creatori, come afferma Simone Weil, docili strumenti del-la potenza creatrice perché la creazione è sempre in atto. Piú siamo passivi, piú diveniamo attivi in quanto mossi da un'economia sovrabbondante e sempre sorprendente, per niente paragonabile ai nostri calcoli, alle nostre con-venienze. Accettare di aspettare tenendo aperti i canali dell'anima in cui si riverberano fuggevoli bagliori di ter-sa luce. Gli occhi fisici non vedono, ma gli occhi interiori sono come catturati e restano lí, fermi, assetati. E piú si abbeverano, piú si quietano assaporando una beatitudine che piú colma, piú fa scomparire a sé stessi. Quando giun-ge la maturità dei tempi vuol dire che tutte le condizioni necessarie sono pronte. Non solo dentro di noi, ma anche all'esterno. Sono certa, anzi lo sto già riscontrando, che ora ci saranno persone disposte ad ascoltare. Non è un caso, infatti, che in maniera del tutto imprevista sia arrivato tu. È un piccolo miracolo. In te ho visto un segno.

    – In che senso? – le chiedo un po' stupito.
    Antonella mi guarda con intensità.
    – Dietro il visibile c'è un grande lavoro invisibile che sfugge, che non riusciamo a scorgere. Tutto è un miracolo, una cosa che provoca stupore, meraviglia. Miracolo e me-raviglia hanno la stessa etimologia, provengono dalla pa-rola latina *mirabilia*. Caro Paolo, la mia è una consegna. Ti porterò dentro questo viaggio. Ora può essere raccontato, i tempi sono maturi, lo richiedono.
    La tisana è finita. È quasi mezzogiorno. Abbiamo par-lato per tre ore senza accorgercene.

5.

Era il 1980. Antonella aveva ventotto anni quando cominciò a sentire un enorme desiderio di solitudine. Si considerava non credente. Non sapeva piú niente di cose religiose dagli anni del catechismo. Partecipava alla vita politica. Il desiderio di stare da sola non era fuga dal mondo, dagli amici coi quali aveva condiviso le battaglie politiche e le speranze del post Sessantotto. Né tantomeno la ricerca di un quieto vivere, di un cantuccio dove ripararsi dalle intemperie di una società difficile. Era piuttosto un'esigenza totalizzante, che non riusciva a spiegare neppure a sé stessa.

Nel 1975, a ventitre anni appena, era stata colpita da una grave malattia. Una tremenda sentenza: previsione di vita cinque anni al massimo. Fu l'inizio di una trasformazione radicale. Decise di abbandonare i farmaci, troppo pesanti. Senza tanti ripensamenti si affidò alla macrobiotica. In pochi mesi gli esami tornarono a posto fra l'incredulità dei medici, che si ostinavano a non accettare la guarigione. Dicevano che l'unica possibilità era quella di una diagnosi sbagliata, il che però, dopo i consueti accertamenti di protocollo e le varie biopsie, suonava alquanto improbabile.

Seguí un periodo molto intenso. Frequentava la facoltà di Filosofia, aveva quasi terminato gli esami quando, proprio attraverso la macrobiotica, cominciò a immergersi nelle filosofie orientali, scoprendo dimensioni completa-

mente nuove. Abituata alla dialettica degli opposti, rimase folgorata dal principio della non dualità e dell'armonia
del tutto che si incise in lei in modo profondo, mettendo
a nudo oscure lacerazioni. Soprattutto il senso di aliena-
zione dovuto alla scissione fra mente e corpo.

– Mi sentivo una miracolata, – racconta. – In quel frul-
lare di anni ricchi di esperienze e incontri, quello che mi
aveva travolto, in realtà, era stato l'impatto con la morte. Lei guardava me, io guardavo lei, in un muto dialogo.
Era nemica e ignota.

Cominciò a sentirsi non capita. Gli amici di prima, compreso il suo ragazzo, non potevano seguirla in questo itinerario intenso, ma pur sempre doloroso. Affrontò anche
un lungo percorso psicoanalitico. Quando tutto dentro di
lei era ormai messo in discussione, fu proprio una crisi af-
fettiva che la portò a toccare il fondo.

– Fu come una scossa. Compresi che da lí non potevo
fuggire. Crollarono tutte le illusioni. Conobbi il vuoto.
Restando lí, qualcosa si spalancò di dentro. Un richiamo
forte verso la natura cominciò a pervadermi. Cosí ho scoperto il silenzio.

Nella solitudine trovava pace, calma, armonia. Si perde-
va in lunghe passeggiate per le campagne intorno a Firenze. Si sedeva per ore sulle rive erbose dell'Arno a guardare
l'acqua scorrere. Amava sostare nei boschi, sotto gli alberi.
Ne abbracciava i tronchi, ne percepiva le linfe.

– Salivano dalle radici fin su nei rami, dove i fogliami
si aprivano al cielo per assorbire luce.

I suoi genitori la osservavano da lontano, preoccupa-
ti. Non sapevano cosa dire, non potevano intervenire,
avevano perfino paura di chiedere. Presi dal lavoro, dagli
impegni della vita, non avevano mai avuto troppo tempo

per lei. Antonella sentiva una enorme distanza, un'inco-
municabilità che nessuna parola era in grado di colmare.
Sulla sua vita familiare aleggiava un'ombra. La memoria
quasi occultata di un evento traumatico, troppo doloroso
per essere affrontato. La morte del nonno Carlo, padre di
Aleandro, suo padre. Aleandro aveva appena quattordici
anni quando, l'8 marzo 1944, seppe che suo padre era stato preso in una retata. Non era ebreo, fu prelevato mentre
era a lavoro alla Cartiera Cini insieme ad altri uomini tranquilli come lui in sostituzione di alcune donne. A Firenze
e provincia, infatti, nei giorni successivi allo sciopero generale organizzato dal Comitato di liberazione nazionale,
immediata era stata la reazione dei nazisti che arrestarono
diverse centinaia di persone. Radunate in piazza Santa Maria Novella, vennero poi fatte salire su un treno composto
di carri bestiame alla volta di Mauthausen. Carlo deperí
presto, fu mandato alla camera a gas nei primi mesi dopo
la deportazione. Un anno dopo giunse la notizia della sua
morte. Per lo strazio, di lí a poco, morí anche nonna Gina,
già malata di cuore, e Aleandro, rimasto solo, fu colto
da un'interiore disperazione. Era un ragazzo intelligente,
forte, reagí dandosi da fare. In officina era bravo, capace,
stimato da tutti. Intanto si attaccò profondamente a Grazia, una ragazzina solare che abitava nella casa accanto a
quella dei nonni materni, dove si era trasferito. Alcuni anni
dopo Grazia accettò di sposarlo, ma il dolore soffocato di
Aleandro rimase un tabú al quale nessuno aveva accesso.

Durante l'infanzia Antonella era pervasa da un amore
incondizionato verso i genitori. Quando ne parla, affiora in lei il ricordo di una solitudine gioiosa.
– Da piccola vivevo in un mondo di luce radiosa. Non
ne uscivo mai, vi ero immersa come fosse la mia vera di-

mora. Da lí vedevo e sapevo tutto senza chiedere niente; non potevo fare domande.

Con l'adolescenza le cose cambiarono.

– Iniziai a giudicare. Un immenso dolore mi piombò addosso, ruppe l'incantesimo.

Il tempo della ribellione alimentava giorno dopo giorno la sua insofferenza e faceva crescere in lei il desiderio di andarsene da casa. Negli anni del liceo, ma soprattutto dopo all'università, piú scopriva il valore dell'amicizia, piú sentiva i suoi genitori lontani ed estranei. Questo provocò una lacerante separazione quando, appena saputo della malattia, se ne andò davvero. – La mamma non disse niente. Perfino quella volta accettò di soffrire in silenzio.

Terminata l'università trovò un lavoro e una stanza in un appartamento di amiche fuori sede nel cuore di Firenze, proprio vicino al centro macrobiotico dove spesso andava a pranzo quasi fosse una mensa.

– Iniziarono le peregrinazioni sulle colline dove il creato mostrava la sua bellezza. La natura divenne la mia unica certezza. Facevo lunghe passeggiate nei boschi, in mezzo al verde, perdendomi per ore. Desideravo soltanto lasciarmi assorbire dentro quell'armonia. Rimanevo in silenzio seduta su una pietra, in un prato, aderendo cosí profondamente con quanto mi era intorno che quasi scomparivo a me stessa.

– Cosa significa? – le chiedo.

– È difficile spiegare. Era come se divenissi io stessa albero, pietra, prato o ruscello. Quasi una forma di mimesi fra me e la natura del luogo in cui mi trovavo. Lasciarmi assorbire mi rigenerava, portava via tristezza e pesantezze. Non riuscivo a capire, ma non me ne preoccupavo. Troppo grande era la gioia!

Le capitava di salire sul primo treno in partenza. Un giorno d'inverno si ritrovò senza accorgersene a Viareggio.

– Nel cielo nebbioso affioravano trasparenze luminose
che si riversavano sul lungomare e sulla spiaggia deserta
come un ondeggiante manto dorato. Stetti lí tutto il giorno
a guardare il mare fino a sera. Cercavo la solitudine come
un assetato cerca l'acqua nel deserto.

Fu proprio durante una di queste peregrinazioni che una
volta, in treno, raggiunse Lizzano in Belvedere, un paesino
in provincia di Bologna a un passo dal confine con la To-
scana, sui monti dell'Abetone. Come al solito cercava un
luogo un po' appartato nel cuore della natura dove poter
restare qualche giorno in solitudine. Subito dopo aver lasciato la borsa nella piccola pensione, imboccò un vialetto
di platani che la portò dritta su un terrazzato che si apriva sulla vallata. Le montagne morbide e verdi mostravano
un paesaggio dolce, come ce ne sono tanti sugli Appennini
toscani, eppure lí cambiò tutto.
   – Cosa accadde?
   – Fu solo un attimo. Mi affacciai dalla ringhiera e d'un
tratto un grande abbraccio mi avvolse. Sentivo distintamente di non essere sola. Una presenza indefinita, forte,
potente era tutta intorno a me. Un'onda luminosa avvolgeva ogni cosa, la natura assumeva colori piú intensi. Ero
immersa, dentro, non piú fuori, separata. Viva dentro la
vita viva. Tutto era palpitante, pulsante. Il silenzio, per
la prima volta, mi aveva fatto sentire la vita che scorreva
dentro e fuori di me. Non c'era piú separazione. La creazione mi apparve d'improvviso come un continuum, un
abbraccio amoroso. Percepivo una corrente che attraver-
sava ogni creatura. Tutto era connesso, ogni essere inca-
stonato in un intarsio ricolmo di amore. Il silenzio aveva
reso visibile ai miei occhi quel tessuto invisibile di luce da
cui tutto prende origine, da cui tutto è creato. L'oceano
di luce della sostanza pura che pervade ogni cosa.

6.

Per Antonella ebbero inizio anni di viaggi e pellegrinaggi alla ricerca delle radici.

Nei primi anni Ottanta molti andavano in India. Anche Antonella, al tempo della malattia e della macrobiotica, si era interessata di filosofie orientali, ma dopo la scoperta del silenzio, cominciò a sentire un richiamo verso le antiche civiltà del Mediterraneo. Partiva da sola con uno zaino e si muoveva con mezzi pubblici, autobus, navi, treni, aerei.

– Ogni viaggio era la risposta a un richiamo. Il primo fu in Sicilia, poi fu la volta della Grecia. Rileggevo come un'assetata gli autori classici. La forza del sacro, con il suo alone di mistero, emanava da ogni traccia, da ogni pietra di quei siti. Per me, che mi consideravo atea, fu una riscoperta del divino sedimentato nei frammenti di bellezza che la storia tramandava e che la voracità del tempo non poteva in alcun modo consumare. Quei segni risvegliavano in me antiche memorie. Passo dopo passo sentivo di avvicinarmi a un centro che piú sfuggiva, piú mi chiamava a sé.

Mettersi in viaggio da sola le procurava uno stato di leggerezza. Sola, come un punto nell'universo. Sola davanti a sé stessa, senza piú paraventi. Percepiva un profondo senso di liberazione.

– Ogni viaggio costituiva una tappa, posizionava un

tassello su un ordito sfilacciato e consunto, ma intravisto. Ritesseva la trama attraverso i frammenti che raccoglievo trascrivendoli in diretta. Le parole fluivano come un rivolo d'acqua dalla sorgente, tracimavano dal buio. Era un'azione di scavo nella memoria, quasi un lavoro archeologico. Desideravo ritrovare una verginità assoluta che invece sfuggiva. Compresi presto che il silenzio chiamava al deserto.

Questo richiamo insistente portò Antonella nel sud del Sahara algerino, che si stende fino ai confini del Mali e del Niger. Partí per una spedizione fuori pista da Tamanrasset, la città dei tuareg, gli uomini dal mantello blu. La prima tappa fu sull'Assekrem, un altipiano dalla suggestiva morfologia vulcanica di basalti e argille.

Antonella racconta: – Su una cima, là in mezzo al deserto, comparve un edificio dalla forma di fortino. Vi era vissuto in eremitaggio Charles-Eugène de Foucauld dal 1905 fino alla sua morte, avvenuta nel 1916 per mano di alcuni sicari. Quel nome allora non mi diceva niente, non l'avevo mai sentito. Mi sedetti sul culmine di una roccia da cui si dominava quella valle lunare. Lí cominciai veramente a gustare il silenzio che cercavo. Assoluto e intatto, si incise a fuoco nell'anima. Di giorno percorrevamo immense distanze. Solo ogni tanto, in qualche cono d'ombra, compariva un'acacia spinosa. La notte calava repentina, dovevamo montare le tende per tempo. Quasi d'un tratto, al tramonto del sole, si passava da temperature estive a temperature invernali, raggiungendo lo zero. I tuareg accendevano il fuoco. I pasti erano frugali, ma la sera una zuppa calda non mancava mai. Seguiva la liturgia del tè. Ogni parola era di troppo, bastavano gli occhi luminosi che brillavano. Sopra di noi, il manto argenteo delle stelle era un corpo compatto di luce vivida, come di cristallo puro e rifrangente. Attraversammo le montagne dell'Hoggar, le Dolomiti sahariane, in realtà imponenti gruppi isolati che si sollevano in modo caotico. Il deserto sabbioso si alternava a quello calcareo, argilloso, sassoso. Le jeep transitavano sugli uadi, letti di fiumi sub-fossili. Distanze smisurate erano segnate solo da rocce erose che di lontano assumevano l'aspetto di scalpi umani. Durante quei lunghissimi giorni incontrammo solo due pastorelle e vedemmo di lontano una carovana di beduini. Nessun altro.

– Una vera immersione nel silenzio, insomma. Cosa provocò dentro di te?

– Quella nuda verginità rifletteva inutili e pesanti zavorre di un passato doloroso. Faceva vedere l'accumulo di macerie che dentro mi opprimeva. Il deserto era lo specchio dell'anima.

– Un'esperienza forte, mi sembra di intuire. Ma i viaggi continuarono?

– Sí, per alcuni anni. Registravo tutto su quadernetti che avevo sempre con me. Il silenzio parlava. Una voce interiore mi portava su una lunghezza d'onda in cui tutto era uno. Le cose apparivano come filtrate da uno sguardo diverso, in armonia, piú luminose. I colori brillavano piú intensamente. L'invisibile affiorava con i suoi aloni luminescenti fra gli spazi vuoti. Tutto assumeva corpo, come fosse spostato di piano. Non raccontavo a nessuno queste esperienze. Eppure ne ricevevo un'immensa beatitudine, una gioia che mi sembrava di non avere mai provato. In realtà era la stessa che avevo conosciuto da bambina e che nel tempo si era come inabissata. Scrivevo di continuo poesie e poemetti. Fluivano di getto come da una sorgente. Sentivo che dovevo custodirli. Amavo il nascondimento. Ero decisa, sicura. L'esperienza mi colmava dandomi fierezza e coraggio. Il silenzio mi permetteva di stare connessa alla parte piú intima, piú vera di me. Mi muovevo ascoltando i richiami che salivano da dentro. Le ispirazioni guidavano i miei passi verso luoghi o situazioni che sempre evocavano qualcosa, divenendo segni che battevano il sentiero verso quel centro sconosciuto che chiamava, ma che ancora sfuggiva. Infine, fu come un fulmine. Un'illuminazione improvvisa. Un giorno una spinta mi fece uscire di casa di corsa per andare a comprare una Bibbia.

Non ricordava quasi piú niente di quelle storie, di quei racconti. Cominciò a leggerla con la medesima sete con cui aveva riletto i classici.

– A casa trascorrevo lunghe ore in silenzio davanti a un lume acceso, seduta sul pavimento sotto una croce rossa di cartone che avevo appeso al muro. Chiudevo porte e finestre, restavo lí, nel buio. Mi domandavo: «Se morissi adesso cosa sentirei?» E tra me e me rispondevo: «Un immenso dolore». Quello che avevo dentro. Accucciato nel profondo, muto, celato, rinnegato, voleva dirmi qualcosa. Cominciai a percepire che in quel dolore potevo starci senza piú fuggire. Tutto, anche il dolore, era avvolto nell'abbraccio del silenzio.

Le capitava di sostare a lungo nelle chiese davanti al crocifisso, ma non si tratteneva mai durante le celebrazioni.

– Le sentivo estranee, – dice.

Una volta, però, udí un prete che parlava dall'altare. Aveva una voce sommessa, penetrante.

– Era la stessa voce che udivo interiormente, la voce del silenzio. Tornai ancora ad ascoltarlo. Quelle parole penetravano nell'intimo, smuovevano pietre, muri. Eravamo vicini alla settimana santa del 1985. Decisi di parlargli,

gli chiesi di confessarmi. Erano quindici anni che avevo
lasciato la Chiesa. Mi fece sedere in un angolo un po' appartato. Sentivo il cuore in piena. Le acque tracimarono
dall'interno in un pianto irrefrenabile. Le mie parole usci-
vano però asciutte e nette, liberando sedimentate stratifi-
cazioni di oscurità. Prima di lasciarmi andare mi regalò un
libro: *Attesa di Dio*, di Simone Weil. Uscii da quella chiesa
con un senso di leggerezza. Scesi sul greto dell'Arno. Le
acque erano tranquille, tutto era radioso. Compresi d'un
tratto di avere ritrovato la radice. L'amore di Cristo che
avevo conosciuto da bambina e che ora mi aveva toccata
attraverso la compassione misericordiosa incarnata nella
voce di quel prete.

Riprese a frequentare la Chiesa, ma si sentiva come un
pesce fuor d'acqua e si fidava solo di lui. Un soggetto molto particolare, rimasto ai margini, immune da ogni forma
di clericalismo. Contemplativo, attratto dal silenzio, forse
piú monaco che prete tradizionale, seguiva un suo percorso solitario dedicandosi soprattutto all'ascolto.

Ebbero lunghi confronti. Anche se non era facile. Tal-
volta le distanze risultavano incolmabili. La Chiesa rimaneva per lei un mondo lontano. Le sembrava di essere tornata indietro nel tempo, in un altro secolo. Quel mondo
un po' chiuso, abitudinario, la opprimeva. Non poteva né
voleva adattarsi.

– Fu fondamentale l'incontro con Simone Weil. Divenne
una cara compagna di viaggio. La sua esperienza mistica,
cristallina, mi dava respiro. Presa in Cristo, non sentí mai
che Dio la voleva dentro la Chiesa. Rinunciò ai sacramenti
perché individuava nella dottrina imposta dalla Chiesa un
abuso di potere sulle coscienze. Molto piú avanti del suo
tempo, la sua vocazione della soglia ancora interroga. An-

che io sentivo di abitare sulla «soglia». Lei appena fuori,
io appena dentro, ma il luogo era lo stesso. Un luogo che
oggi, guardandomi indietro, mi sembra sempre piú abitato
perché molti cristiani avvertono gli stessi disagi messi cosí
bene a fuoco da lei. Lo Spirito soffia dove vuole e proprio
sulla soglia, ai margini, si fa sentire di piú. Fuori dai giochi di potere, lontano dalle strutture, dalle organizzazioni,
ma a contatto con i bisognosi, con gli assetati.

Per un po' Antonella frequentò il gruppo che si riuni-
va intorno a quel prete per leggere la Bibbia. Ma le sembrava di non essere nel posto giusto. Presto comprese che
doveva rimettersi in cammino.

7.

Aveva da poco terminato l'università e fino ad allora era stata assorbita dalla vita intellettuale. Era informata, si documentava, come normalmente accade quando si frequentano certi ambienti. Ma scoperto il silenzio comprese che il mondo accademico d'un tratto non le apparteneva piú. Fu una liberazione.

– Stavo imparando a leggere un'altra scrittura, – racconta. – La creazione, con tutte le sue luci, con tutti i suoi misteri, mi stava davanti come un libro aperto. Anzi non mi stava davanti, mi conteneva, ero intessuta nella sua trama. Le chiavi del suo mistero erano in me. Scoprirne l'alfabeto era naturale, avveniva senza alcuno sforzo. Non sprofondavo piú. Il vuoto era pieno, ma andava sperimentato, conosciuto dal vivo. Piú contemplavo la creazione, piú mi sentivo creatura. Interno ed esterno si ricongiungevano. Non piú divisa, separata, sola, ma avvolta in un abbraccio di tenerezza. La meraviglia dilatava i limiti chiusi che divenivano porosi. Cosí, oltre la meraviglia, scoprivo un suono vibrante. Emanava proprio dal silenzio. I sensi si purificavano. Piú si tendevano verso quelle sottili vibrazioni, piú percepivo la gravità dei rumori. Arrivavano cupi come stonature in un'orchestra. Rompevano il tessuto sottile delle armonie, le sfilacciavano come una ragnatela infranta che cade giú in filamenti quasi invisibili.

– Parli del silenzio come se avesse un suo linguaggio.
Sembra un paradosso, – la interrompo.
– Sí, il silenzio ha una sua voce, parla l'ordine divino.
Fu come ritrovare l'archivio dei segni inciso nella memoria e divenuto illeggibile, muto. Il silenzio non è mancanza
di suono, ma mancanza di rumore. Piú entravo in sintonia
con il silenzio, piú familiarizzavo con quelle frequenze impercettibili, piú sentivo la violenza che scaturisce dal rumore, segno della distanza da quella purezza immacolata
della creazione alla quale l'umanità appartiene e della quale
dovrebbe naturalmente riprodurre le geometrie.

Non è stato facile per lei custodire il silenzio nel nostro
mondo. Si è ingegnata come meglio ha potuto, individuan-
do gli orari in cui gli altri dormono, imparando le abitudini dei vicini, ma il rumore incombe. Soprattutto in città
turistiche come Firenze, dove sono piú quelli che vivono
di notte di quelli che vivono di giorno.

– Abbiamo perso l'equilibrio perdendo la misura. Si
cerca la bellezza in canoni esteriori condizionati dall'im-
perversare dei media. La bellezza è la misura perfetta
impressa nell'atto creativo. Ogni creatura la esprime in
maniera del tutto naturale. Per questo stare nella natura
fa bene. Bene e bello nelle antiche lingue sono la stessa parola. Piú torniamo alla creatura che vive dentro di
noi, piú la memoria di quella misura si risveglia. È l'amore. L'atto creativo è il Verbo, porta alla luce l'invisibile.
Gesú, Verbo incarnato, manifesta la pienezza dell'atto
creativo. In Gesú la natura umana rende visibile l'invisibile bellezza della natura divina. Egli incarna la perfetta misura dell'amore affinché tutti possano vederla. E
vedendola possano a loro volta amarla e incarnarla nella
vita di tutti i giorni.

Sulle prime questo linguaggio mi sfugge, non comprendo, sento che devo solo farmi trascinare come dentro una corrente. Piano piano le parole diventano piú familiari. Intanto Antonella continua.

– L'amore incarnato si manifesta nell'umanità. Piú è accolto, piú rende umani. Piú attecchisce, piú germina, come il seme dentro la terra. Solo chi lo accoglie a sua volta lo effonde. Il tocco dell'amore diviene come il sigillo che s'imprime a fuoco. Segno indelebile di un'appartenenza. Ma per incarnarsi deve trovare un pertugio da cui infiltrarsi. Serve un cedimento. Sarà poi l'amore, colmando i vuoti dell'anima, a liberare dagli attaccamenti. Il suo tocco diviene attivo, prende campo, cresce, si espande. Diventa il perno intorno a cui tutto comincia a ruotare. Non può stare ai giochi del mondo, si pone in disparte, ma vedendo e conoscendo, tutto patisce di quel che vede contrario a sé stesso. Non lo caccia via da sé, anzi lo assume e, soffrendolo, lo consuma. Cosí l'amore, amando sé stesso, patisce di piú dove non vede amore. È sempre nella verità, ma non giudica: vede, conosce e patisce. E patendo sempre piú ama chi a lui si rifiuta, chi gli si oppone, chi ha paura di lasciarsi amare. Lí, piú che altrove, desidera andare. Questa è la pienezza che si nasconde nel vuoto, l'onda misteriosa e costante dell'amore puro che ama.

– Quindi l'amore è un continuo movimento che ci pervade. Tocca, commuove, ma è difficile accoglierlo, è faticoso lasciarsi amare...

– L'amore puro è libero. Non può mediare, ma si fa carico di quanto lo contraddice. Il suo patire è proprio lo stare in mezzo alle contraddizioni per consumarle. Redime il mondo divenendo mediatore. Non lo rifiuta né lo

condanna. Lo patisce. Ogni tanto si ritira, torna nella sua
beatitudine dov'è la scaturigine, dov'è la sorgente. Quando poi risale riprende il suo movimento che lo riporta in
mezzo per amare. Questo movimento è la relazione della Santissima Trinità. Il Dio creatore è Uno, custode di
ogni infinita potenzialità. È Trino per espandere amore.
L'amore piú si espande e si manifesta nella creazione, piú
resta custodito nell'origine che è come il pozzo in cui sono
conservati tutti i tesori. Andando fuori resta sempre piú
dentro. Rivelandosi preserva il suo mistero. Il suo movimento è infinito ed eterno. L'amore è sempre lo stesso, sia
che dimori nell'origine dov'è custodito, sia che si espanda
nella creazione.

Piú Antonella si apriva a quell'amore, piú diveniva sensibile alla sofferenza. Piú la tenerezza di quell'amore le
permetteva di entrare in contatto con il proprio dolore,
piú percepiva quello degli altri. Le capitava spesso di incontrare persone con gravi patologie psichiche. Cosí è co-
minciata la sua disponibilità all'ascolto. Le chiedo di parlarne, ma non acconsente, su questo è irremovibile. Non
insisto, comprendo. Continua il suo discorso.

– Il sigillo di appartenenza con cui l'amore unisce a sé,
non è un marchio di proprietà che rende schiavi, al contrario è proprio una smarcatura che libera da ogni forma di
possesso, di attaccamento, di dipendenza. È un'insemina-
gione feconda, ripristina l'equilibrio perfetto che produce
sovrabbondante fioritura. Quel sigillo di appartenenza dona la pace di un ritorno a casa, di un ritorno alla matrice
da cui ogni vita è partorita.

Il tocco dell'amore, che la raggiunse attraverso la voce
di quel prete, risvegliò il punto piú profondo dell'anima.

L'inquietudine che l'aveva spinta a cercare era nostalgia dell'amore puro che aveva conosciuto da bambina.

– Uno struggimento che non si placava fino a divenire tormento. Cosí lo Spirito Santo tiene sveglio il suo ricordo nell'anima. Mai abbandona mantenendo viva la nostalgia di sé. Da lí tutto cambiò. Potevo aderire al mio dolore, ascoltarne la voce, sentire cosa aveva da dire. Stare nel silenzio ripristinava l'antico cordone ombelicale da cui l'amore fluisce per venire a nutrire. Rimanendo lí ogni vuoto veniva ricolmato fino alla pienezza. Era come un attimo di beatitudine che portava fuori dal tempo e lí rimaneva impresso. Quella nostalgia piano piano riaccende la memoria dell'eterno che non si stanca mai di chiamare. Occupa il posto di ogni altro desiderio che lentamente sbiadisce, fino a scomparire.

Resto volentieri ad ascoltarla. Non posso però arrovellarmi per cercare di comprendere. Mi ritrovo anche io a bere quell'acqua che trabocca. È fresca, mi aiuta a placare una misteriosa arsura fino a quel momento mai affiorata cosí distintamente.

8.

Andando in cerca di luoghi del silenzio, Antonella giunse a Cerbaiolo. Un'amica le aveva parlato di un eremo arroccato in cima a una montagna dove dal 1975, con un gregge di capre, viveva Chiara, una suora laica oggi scomparsa.

Anche Chiara, fin dalla giovinezza, aveva sentito un richiamo al silenzio. Aveva pensato subito alla clausura, ma troppi segni contrari l'avevano dissuasa e capí presto di doversi arrendere. Continuò a restare consacrata nel mondo, ma non smise di sentirsi inquieta. Desiderava trovare una «casaccia» dove poter vivere l'amore di Dio in piena sintonia con tutte le creature.

«Vorrei vivere in un luogo solitario ma non chiuso, senza altra regola che quella di amare il Signore in tutte le cose», cosí, all'età di quindici anni, aveva scritto su un foglietto al sacerdote che le chiese di descrivere il senso della sua vocazione. Quando poi, a metà degli anni Sessanta, scoprí Cerbaiolo, riconobbe il luogo sempre cercato. Antico monastero benedettino dell'VIII secolo situato su un'alta rupe davanti alla Verna, era poi passato ai francescani, finché nel Settecento era divenuto sede parrocchiale. Durante l'ultima guerra era stato bombardato dai tedeschi in ritirata. Quando Chiara lo vide era solo un ammasso di macerie, ma lei non si scoraggiò. Nessun ostacolo poté dissuaderla e con tenacia, mettendo in moto diocesi e sovraintendenze, in circa dieci anni riuscí a farne terminare la ricostruzione. All'inizio si era sistemata in una stanza alla meno peggio, poi, ultimati i lavori, vi si trasferí definitivamente fino alla fine dei suoi giorni, realizzando quanto da sempre aveva desiderato. Visse con le sue capre fra cani, gatti e un barbagianni, accogliendo con semplicità chiunque avesse bisogno di silenzio e solitudine.

Antonella raggiunse Cerbaiolo a piedi una mattina del 1980. L'autista della corriera diretta a Pieve Santo Stefano la fece scendere prima di entrare in paese, all'imbocco della strada sterrata che porta all'eremo inerpicandosi tra boschi e prati. Salendo, d'un tratto Cerbaiolo le apparve bianco, lassú sulla cima. Antonella arrivò che era ora di pranzo. Entrò nel chiostro e da lí in una grande cucina. Chiara stava dietro ai fornelli. Appena la vide, le disse che la stava aspettando, mettendola subito a suo agio.

– C'era di tutto dentro quell'enorme cucina. Era un mondo fuori dal mondo. Nel grande camino ardeva un bel fuoco con i suoi scoppiettii e il suo profumo. Per terra vidi una capretta e numerosi gatti sdraiati, impoltroniti, un po' spelacchiati. Tutto era semplice, vero, proprio quello che piú desideravo, senza alcuna formalità né ipocrisia. Presto nacque con Chiara una certa intesa. Era una donna forte, schietta, una roccia come quelle su cui l'eremo era costruito.

Antonella cominciò a recarsi sempre piú spesso a Cerbaiolo, ogni volta che si sentiva satura, oppressa e avvertiva un bisogno urgente di immergersi nel silenzio senza essere disturbata da niente e da nessuno. Quel luogo è stato per lei una vera scuola di vita.

– Fin dal primo incontro, appena Chiara mi sentí parlare di silenzio e solitudine dimostrò subito una particola-

re attenzione per me. Con gli anni il nostro è divenuto un
rapporto stabile. Era una maestra dello Spirito, ma soprattutto una maestra di vita. Non si possono scindere i due
piani. Per lei tutto era in sintonia. Vedeva tra gli intarsi. Si
faceva guidare dalla luce interiore, sapeva cogliere i segni
nelle cose quotidiane. Tutto era importante, andava fatto
bene. Da vera francescana amava le creature e la creazione
standoci dentro, sporcandosi le mani. Attenta, premuro-
sa. Madre nuda, austera, severa, ma anche tenera, a volte.
    Era sempre occupata dietro a mille faccende, soprat-
tutto dietro alle capre. All'inizio ne aveva poche, poi au-
mentarono velocemente. I capretti doveva darli via, ma le
femmine le teneva tutte. Alla fine erano quasi duecento.
Richiedevano un lavoro massacrante. I parti, le malattie,
il lupo che ogni tanto faceva razzia. Chiara aveva sempre
un bel daffare, portava avanti una vita povera, dura.
    – A Cerbaiolo ormai ero una di casa. Chiara conosce-
va le mie abitudini e lasciava che mi organizzassi da sola.
I primi giorni, al mattino presto, andavo sulla cima del
monte, dove l'orizzonte si apriva a trecentosessanta gradi.
Alle spalle avevo solo boschi folti e fruscianti. Davanti si
distendeva la valle con i suoi teneri colori che sfumavano
fino a rarefarsi lontano nel chiarore che avvolgeva le pro-
paggini degli Appennini. Nei giorni successivi, appena mi
ero ambientata, scendevo giú, nella cappella di Sant'Antonio in mezzo al bosco. Da lí era passato san Francesco, e
sant'Antonio vi era rimasto in romitaggio negli ultimi anni di vita. Sotto la cappella, aggrappato allo sperone della
roccia, era stato costruito un romitorio. Vi si accedeva da
una porticina stretta, chiusa con una grossa catena. Un an-
drone oscuro, attraverso una scaletta, dava accesso a una
stanza per un lato incuneata dentro la roccia e per l'altro
lato sorretta da una parete in muratura su cui si aprivano

due belle finestre. C'erano un tavolo, un letto, una vera pustinia. Allora non c'erano né acqua né luce elettrica. I primi tempi vi ho trascorso alcuni giorni, poi ho preferito restarvi soltanto fino a sera. Quel silenzio prolungato mi assorbiva ripulendomi di tutti i pensieri, di tutti i pesi. Li stanava da dove si erano annidati. Come per osmosi li risucchiava in sé portandoli via. Quel luogo era il nido dell'anima.

Quando la sera rientrava all'eremo Antonella aiutava in cucina. C'era sempre qualcosa da fare. Lavare l'insalata, tagliare il pane, apparecchiare. A volte si tratteneva un po' intorno al lungo tavolo di marmo, a pulire verdura e frutta che portavano i contadini del luogo o gli ospiti e che servivano per preparare confetture. Se trovava Chiara da sola e non c'erano altri ospiti, le capitava spesso di confidarsi con lei.

– Ci ritrovavamo a parlare come attratte da un'onda che fluiva e ci portava in un mare aperto dove tutto era luminoso, leggero. Eravamo molto in sintonia. Chiara mi capiva, mi sosteneva, mi incoraggiava. Era decisa, forte, io molto piú fragile e insicura. Mi proteggeva con la fiducia che mi dava. Sentivo la sua considerazione, la sua stima. A volte però si arrabbiava. Mi strillava dietro quando vedeva tentennamenti. Da lei accettavo tutto.

Poco dopo Cerbaiolo, Antonella ebbe modo di scoprire l'eremo di San Pietro alle Stinche, situato al confine tra le province di Firenze e di Siena. Era stato fondato negli anni Sessanta da padre Giovanni Vannucci, frate dell'ordine dei Servi di Maria del convento della Santissima Annunziata di Firenze, dove risiedeva anche padre David Maria Turoldo. Chiamato al silenzio, padre Vannucci da tempo maturava il desiderio di ritirarsi in un eremo. Vero uomo dello Spirito, aperto al confronto con tutte le tradizioni, presto divenne un punto di riferimento per credenti, non credenti, appartenenti ad altre culture e religioni. La sua lettura mistica delle Scritture spaziava dando loro un grande respiro, come bene documentano i suoi libri. Per molti anni Antonella trascorreva lí il sabato e la domenica. Prendeva la corriera fino a Panzano, poi continuava a piedi attraversando una strada sterrata in mezzo a olivi e vigneti. Circa una mezz'oretta di strada.

Purtroppo fece appena in tempo a conoscere il padre e ad assistere alla celebrazione di una sua messa di cui conserva uno speciale ricordo.

La prima volta che raggiunse l'eremo lo vide in giardino seduto in quieto abbandono sulla panca con il suo cane accovacciato ai piedi.

– Non ebbi il coraggio di avvicinarmi per parlargli. Fui come pervasa da un timore reverenziale, mi dispiaceva turbare quella quiete. Pensavo che in fondo ci sarebbero state tante altre occasioni. Niente di piú sbagliato. Quando tornai, il padre era mancato. Un infarto. In due giorni se n'era andato lasciando tutti nello sconforto e nel dolore. Anche per me fu una scossa, non me l'aspettavo. Quella perdita ha inciso molto nella mia vita. La possibilità di un confronto con lui mi avrebbe risparmiato dubbi e fatica. Ci sono stati i suoi libri, le tracce lasciate in quel luogo che trasudava della sua intensa esperienza umana e spirituale, le persone che lo avevano seguito per tanti anni e che avevano attinto da lui come da una fonte, ma il contatto diretto avrebbe aggiunto qualcosa di essenziale per me, ne sono certa. Speravo, infatti, di stabilire con lui un rapporto, di potermi aprire, raccontare quella esperienza che ancora custodivo in grande solitudine.

9.

Questa volta l'appuntamento con Antonella è alla Biblioteca Nazionale Centrale di Firenze. Un edificio degli anni Trenta dall'architettura monumentale, costruito sulle rive dell'Arno a pochi passi da Ponte Vecchio e dagli Uffizi. Mi aspetto di scoprire il lato meno mistico di Antonella, il suo lavoro part time. È normale che la sua giornata sia dedicata anche all'azione, basta ricordare l'*ora et labora* di benedettina memoria. I veri contemplativi sono di solito piuttosto attivi. Inoltre chi è abituato al silenzio lo vive in tutto quello che fa, non solo durante la meditazione.

Entrando mi sembra di varcare la soglia di un tempio: spazi vasti, soffitti altissimi.

Antonella compare scendendo da uno scalone. Mi saluta e mi invita a seguirla. Saliamo al primo piano, attraversiamo larghi corridoi finché raggiungiamo un'immensa stanza con finestre che occupano una parete intera.

Da oltre trent'anni Antonella lavora nel settore dei libri antichi e da un po' di tempo ne è divenuta responsabile. È un'attività che si integra bene con la vita contemplativa e che le ha permesso di custodire una certa quiete anche durante il tempo che dedica al lavoro con cui si mantiene. Un'ottima soluzione per una donna che ha sempre desiderato vivere in autonomia la propria chiamata al silenzio.

– La mia strada richiedeva indipendenza. Non potevo

dipendere da un ordine, da una congregazione o da una qualsiasi altra istituzione religiosa. Lo Spirito ha bisogno di donne e uomini liberi, disposti a seguirne i richiami, a porsi nell'ascolto senza mediazioni.

Su dei tavoli di legno scorgo volumi di vario formato; alcuni sono imponenti. Mi colpiscono le antiche legature in pelle, le nervature sui dorsi, le impressioni in oro, le pergamene usurate dal tempo.

Ci sono diverse persone. Antonella me le presenta a una a una. Il clima è disteso, sono tutti concentrati nel loro lavoro da certosini. L'immagine che subito mi balza alla mente è quella di un antico scriptorium dove i monaci ricopiavano le opere dei maestri con penna d'oca e inchiostro. Lo dico ad Antonella, ma lei subito mi riprende.

– No, qui non si trattano manoscritti, per quelli c'è un apposito settore, solo libri prodotti secondo il processo della stampa manuale che ha origine con Gutenberg e la Bibbia dalle 42 linee del 1455. Stampati quindi fra la seconda metà del XV e la seconda metà del XIX secolo con i caratteri mobili fusi nel piombo, con le forme, i torchi, la carta fatta macerando gli stracci e asciugata sopra colini di ferro che lasciavano le impronte delle filigrane con le insegne delle botteghe.

Su un cassone dipinto con disegni floreali e decorazioni di ottone campeggiano alcuni tomi preziosi. Antonella me li mostra aprendoli con attenzione. Mi dice che li ha presi dai magazzini apposta per me. Sotto le pesanti coperte mette un leggio di legno per impedire che si danneggino le antiche legature, le cuciture, i dorsi.

– Ti prego di prendere appunti a distanza dal piano di appoggio, – mi dice. – Se per sbaglio la punta della tua penna toccasse le pergamene il danno sarebbe incalcolabile.

Mi sposto subito. L'idea di una mia mossa maldestra mi

terrorizza; vorrei quasi dirle di lasciar perdere, di riportare i volumi nelle rispettive custodie.

Apre le pagine con delicatezza e inizia a raccontarmene le imprevedibili storie.

Ecco un esemplare della prima Bibbia in lingua italiana, stampato a Venezia nel 1471.

Quindi un volume un po' malconcio, che al primo sguardo non sembra nulla di speciale. – Questa, – mi dice, – è la famosa «rassettatura» del *Decamerone*.

– Che cosa?

– È l'esemplare servito come bozza di lavoro per uno dei piú clamorosi interventi di censura operati all'epoca della Controriforma: si trattava di salvare dal rogo l'opera, già messa all'indice. Fu il granduca Cosimo de' Medici a prendere in mano la questione e a ottenere da Roma il permesso di nominare una commissione di fiorentini al fine di provvedere alla «rassettatura» di un testo cosí importante per la lingua italiana.

Dopo questa spiegazione la mia curiosità sale e guardo meglio. È l'edizione giuntina del *Decamerone* stampata a Firenze nel 1527, priva però del frontespizio. È fittamente postillata, presenta ben vergati segni in matita rossa a depennare parti di testo da epurare e da sostituire con quanto indicato in margine dalle postille. Nell'avvertimento scritto a penna in minuta grafia sulla pagina iniziale riesco a leggere alcune righe: «Per niun modo si parli in male o scandalo di preti, frati, Abati, Abadesse, monaci, monache, piovani, preposti, vescovi, o altra cosa sacra, ma si mutino li nomi o si faccia in altro modo che parrà meglio...»

Antonella mi mostra poi un bellissimo salterio in lingua greca, aramaica, ebraica, latina e araba, stampato a Genova nel 1516. Il rischio d'impresa per operazioni cosí costose era elevato; un libro simile, se non smerciato, po-

teva mandare in bancarotta una tipografia, come accadde
per l'edizione poliglotta dell'intera Bibbia, di cui Antonella mi mostra il primo volume, stampata ad Anversa tra
il 1570 e il 1572 e considerata il monumento tipografico
del Cinquecento.

Ma il volume forse piú prezioso è un esemplare dell'*edi-
tio princeps* delle *Enneadi* di Plotino, con traduzione latina
e commento di Marsilio Ficino e con testo greco a fronte,
stampata a Firenze nel 1492 su finanziamento di Lorenzo il
Magnifico. È dedicato a Giovanni de' Medici, in pergamena,
e decorato con bellissime miniature di bottega fiorentina.

Capisco subito che Plotino è una sua passione. Mentre
ne parla gli occhi le si illuminano come se fosse una persona cara, amica.

– S'inserisce nel filone aureo della grande mistica. È come un faro sulla strada dell'interiorità. Spiegando Platone,
suo maestro, Plotino si spinge oltre a penetrare i misteri
dell'anima. L'umanesimo fiorentino nasce proprio dalla riscoperta di Platone, dovuta in gran parte all'influsso che
ebbero i padri greci venuti a Firenze per il famoso Con-
cilio del 1439 che ristabilí la pace fra le Chiese d'Oriente
e d'Occidente. Si cominciarono a ricercare antichi manoscritti greci, gran parte delle opere ancora sconosciute fu-
rono tradotte proprio a Firenze, dove Ficino, con il sostegno di Cosimo de' Medici, fondò l'Accademia Platonica.
Tra queste il *Corpus hermeticum*, opere che trattavano di
magia, di astrologia. La rigida sistematicità aristotelica,
filtrata nella scolastica e nel tomismo, che costituiva l'im-
pianto teologico medievale, va a impattare con la visione
di un'armonia il cui equilibrio è costantemente manifesta-
to dalla bellezza, traccia visibile dell'eterno nel tempo. Si
riscopre Agostino riportando al centro l'anima, la sete di
luce, il desiderio delle cose eterne e l'idea che Dio si tro-

va *in interiore homine*. Agostino proveniva proprio da quel contesto filosofico, per sua formazione conosceva Plotino, il suo pensiero influenzò la teologia cristiana della Trinità. L'Uno, l'Intelletto e l'Anima della processione plotiniana sono in qualche misura il corrispettivo del Padre, del Figlio e dello Spirito Santo, seppure Plotino mantenga una visione gerarchica ponendo al centro l'Uno, mentre nella Trinità cristiana le tre persone sono poste sullo stesso piano.

Mentre lei parla di quel mondo fuori dal tempo mi viene naturale osservare quanto la sua attività sia in sintonia con il silenzio.

– Sí, – risponde, – apprezzo molto questo lavoro. Non credere però che sia tutto cosí semplice. Anche qui ci sono tensioni, problemi. La situazione è cambiata con l'arrivo dell'informatica, ma soprattutto con l'interesse per la riproduzione digitale. Da alcuni anni stiamo lavorando con Google, che nel suo sogno di realizzare una Bibliotheca Universalis digitale, dopo avere operato a tappeto nelle biblioteche americane, è approdato in Europa e anche in Italia. Google provvede alla digitalizzazione, ma noi, qui a Firenze, abbiamo dovuto catalogare in rete decine e decine di migliaia di libri antichi. Lavoriamo con personale esterno, siamo impegnati in progetti complessi.

Be', questa è la conferma. I contemplativi sono allo stesso tempo attivi, calati a pieno nella realtà. Sento che è ora di andare, mi sembra di avere già visto abbastanza. Antonella però mi chiede di seguirla. Attraversiamo di nuovo i corridoi finché ci troviamo all'interno di uno spazio circolare, illuminato in alto da un lucernario su cui si affacciano diversi piani. È il pozzo librario. Saliamo. Apre la porta di un magazzino in cui sono conservati i libri antichi, un lunghissimo tunnel di cui quasi non si vede il fondo. Uno

dietro l'altro si snodano gli scaffali chiusi e compatti. Apre
ancora una porta, poi un'altra. La quantità di volumi, tutti perfettamente allineati, è impressionante. – A parte la
Biblioteca Vaticana, – mi dice, – questa è la raccolta di
libri antichi piú prestigiosa in Italia.

Io sono un po' stanco, ma Antonella ha ancora una cosa da farmi vedere. Arriviamo nelle sale di consultazione:
viste tutte in fila dalla stanza d'ingresso, le alte porte che
si susseguono, aperte l'una dietro l'altra, dànno l'idea di
un percorso iniziatico. I tavoli di legno scuro sono colmi
di libri. Gli studiosi sono concentrati, silenziosi. Ci diri-
giamo verso la Sala Manoscritti: – Il sancta sanctorum, –
mi bisbiglia sottovoce, sorridendo. Entriamo, lei si avvici-
na alla responsabile, parlottano insieme. Le chiede se può
mostrarci un pezzo davvero prezioso. Dopo poco lo portano, avvolto in un panno di velluto. È il codice trecentesco
della *Divina Commedia*, a oggi considerato dalla critica il
piú antico, con le chiose di Jacopo, figlio di Dante. La
pergamena è usurata, i tratti ben vergati, l'inchiostro qua
e là leggermente sbiadito. Bellissime miniature a vignet-
ta corredano numerose pagine. Mi colpiscono le ali rosso
fuoco degli angeli.

Sono frastornato.

Riscendiamo le scale. Ci salutiamo.

Un po' d'aria mi fa bene. Ripenso a quello che ho visto,
alle emozioni provate. Piú ricostruisco il filo della storia
di Antonella, piú ritrovo in lei quella fiorentinità antica
che ho appena assaporato. È quasi come se si fosse sedi-
mentata nelle sue cellule.

10.

Qualcuno, alle Stinche, parlò ad Antonella di monsignor Gino Bonanni. Era il 1988, Antonella passò a trovarlo alla Badia Fiorentina, l'antica abbazia benedettina adiacente a piazza della Signoria dove, nel 1934, Giorgio La Pira aveva istituito la messa dei poveri. Ogni domenica mattina, ancora oggi, durante la messa delle otto e mezzo, si radunano in quella chiesa i bisognosi. Vengono distribuiti i panini benedetti, piccole somme di denaro, beni di prima necessità.

Bonanni era già molto anziano e malato. Il morbo di Parkinson lo limitava in ogni movimento. Per incontrarlo non era necessario telefonare, bastava suonare il campanello del portone al numero 4 di via della Condotta. Al massimo, se nello studio c'era già qualcuno, Ernestina, la perpetua ormai quasi novantenne, faceva attendere in salotto.

Antonella rimase subito colpita da Bonanni. Stava seduto dietro la sua scrivania, nella penombra di quella grande stanza semivuota, il volto scarno ma luminoso. La fece accomodare osservandola con uno sguardo pieno di tenerezza. L'ascoltò discreto, senza chiedere niente. Ogni tanto annuiva con la testa, magari aggiungendo una mezza parola. Tra loro si creò subito una certa familiarità. Antonella percepí in lui l'atteggiamento di un padre premuroso, capace di prendere a cuore, di avere cura. Cominciò a frequentarlo con assiduità quasi giornaliera, tanto piú che lui aveva bisogno di aiuto per spostarsi, per scendere dalla canonica giú nella chiesa. Era umile, mite, ma vivo, attento. Nel suo sguardo terso riluceva la trasparenza dell'anima. Aveva molto sofferto, la sua vicenda era quasi paradossale. Già rettore del seminario fiorentino, ne era stato allontanato perché cercava di formare «uomini prima che preti». Voleva «educare all'amore con l'amore», come ripeteva spesso, ma non era stato capito né dalle gerarchie, né dai seminaristi, abituati al rigore. Uscirono in molti dal seminario nei primi anni Sessanta. Bonanni fu allontanato e mandato come parroco in Badia, una parrocchia ormai spopolata a causa dell'esodo dei fiorentini verso le periferie.

In quegli anni la Chiesa fiorentina era tenuta d'occhio, troppi i preti scomodi, a cominciare da don Lorenzo Milani, padre Ernesto Balducci, padre Giovanni Vannucci, a cui poi si aggiunse don Enzo Mazzi, il famoso prete operaio dell'Isolotto. Come loro anche Bonanni fu vittima di quel clima.

Non c'era retorica in lui, solo grande silenzio e inesauribile disponibilità all'ascolto. Mai un richiamo dottrinale, una chiusura ideologica, solo amorevoli parole d'incoraggiamento tese a riportare speranza e fiducia.

– Il mio bisogno, – racconta Antonella, – girava sempre intorno a quel pressante richiamo verso il silenzio e la solitudine che durava ormai da anni senza farmi intravedere nessuna prospettiva. Bonanni era un uomo dell'attesa. Non aveva fretta di suggerire facili soluzioni. In lui vedevo il testimone di una fede nuda. Percepivo l'autorità del cielo e non avrei mai fatto nulla senza il suo consenso.

Dopo poco tempo che aveva iniziato a frequentarlo, fu lui a regalarle il libro della svolta, *Pustinia*.

Appena iniziò a leggere, Antonella comprese che quelle pagine e quella parola prima sconosciuta corrispondevano in maniera impressionante a quanto, fino ad allora, aveva caratterizzato il suo percorso. Cominciò a percepire la propria casa come una specie di eremo, in cui però silenzio e solitudine erano messi al servizio dell'ascolto.

– Bonanni si rivelò ai miei occhi come un vero e proprio *pustinik*. Sí, nel cuore di Firenze c'era un *pustinik*. Con lui avevo vissuto un'esperienza viva di amore che stava mettendo radici in me.

Antonella desiderava silenzio e solitudine, ma di fatto era spesso circondata da persone sofferenti, bisognose di aiuto.

– Ascoltare il proprio dolore rende sensibili al dolore ovunque lo si percepisca. Come affermava Bonanni: «L'amore è come una staffetta, chi lo riceve a sua volta può consegnarlo». Quando l'amore attecchisce nel cuore, trabocca e si espande. Produce un moto spontaneo. Se ci affidiamo all'amore e ci lasciamo amare, l'amore insegna ad amare. Essenziale è mantenere l'equilibrio fra dentro e fuori, fra silenzio e ascolto. Questa è la mia unica regola, ma non è mai stato facile rispettarla. Serve vigilanza, presenza, umiltà e soprattutto preghiera. Bisogna offrire tutto quello che ci tocca, ci attraversa, alla forza intrinseca di quell'amore amante che è lo Spirito Santo. Creatore dei mondi, li mantiene costantemente vivi nutrendoli della sua luce.

Di solito era lei ad andare a trovare le persone, ma capitava anche il contrario.

– La sofferenza tracimava da quelle vite lacerate senza mostrare soluzioni. Il dolore del mondo, rimosso e fuggito, sgorgava fuori come lava incandescente. Dolore nudo, allo stato assoluto, senza piú veli. Come quello di Gesú nell'orto che accoglie tutto, fino alla soglia piú fonda, piú nascosta. Chi tocca quella soglia non le resiste, può impazzire. Pazzia viene dal latino *patior*, «patire». La passione

di Gesú conosce il dolore del mondo, compreso quello in-
fero, sprofondato, remoto, che nessuno vuole sentire. La
compassione è un patire insieme, non c'è da fare molto di
piú. Questo crea comunione.

– La preghiera aiuta? – le chiedo.

– Sí, è il solo puntello. La preghiera è abbandono
all'azione dello Spirito creatore. È affidamento e insieme
offerta. Ogni creatura è intimamente unita alla potenza
creatrice. Pregare vuol dire esserne consapevoli e favorir-
ne la connessione. Offrire, portare al cospetto della divina luce tutto quello che colpisce lo sguardo, che tocca il
cuore. Lo Spirito Santo penetra trasformando in sé, tesse
nel segreto, prende campo come liquore che, versato su
di un panno, lentamente si espande imbevendone ogni fi-
bra, ogni filo. L'eterna creazione è sempre in atto. Anche
noi le apparteniamo, ne siamo attraversati. Siamo sempre
nell'in principio, nell'attimo in cui siamo creati.

Ora le persone cercano Antonella non solo per essere
ascoltate, ma per condividere con lei il silenzio, per intraprendere un cammino interiore.

– Spiritualmente si stanno muovendo grandi energie. In
molti avvertono il bisogno di un cambiamento, di tornare
all'essenza. Vedo in questo un segno dei tempi.

11.

Da diversi anni, una volta alla settimana, Antonella tiene un incontro di silenzio a casa sua. Vi partecipano alcuni amici conosciuti in varie occasioni, tutti per lo piú ritornati al cristianesimo dopo un periodo di lontananza.

Un giorno decido di unirmi anche io. Arrivo all'ora di pranzo. Antonella ha preparato cose semplici con le verdure comprate sotto casa, in piazza Santo Spirito, al mercato dei contadini. Riso al limone, puntarelle di cicoria in pinzimonio, rape bianche lessate e hummus.

Alle tre meno un quarto, uno alla volta, arrivano gli altri: Simona, Annalisa, Michela, Matilde, Matteo e Franco. Si accomodano con noi in cucina, attorno al tavolo. Antonella ha già preparato la tisana, mette sulla tovaglia le tazze e una torta appena sfornata fatta con farina integrale, farina di mais, riso, mele e scorze candite di bergamotto.

– C'è un sapore che non riesco a decifrare, – dice qualcuno.

Simona si butta: – Coriandolo?

– No.

– Cannella? Finocchio?

– Assolutamente no.

Alla fine Franco indovina.

– Anicetta!

È ora di andare. Tutti insieme ci avviamo verso la sala. Come si svolge la preghiera in pustinia mi è chiaro, ma
cosa avviene nell'incontro di gruppo proprio non lo so.
Le sedie sono predisposte in forma di cerchio intorno al
tappeto. Nel mezzo soltanto una candela accesa e la campana tibetana. Di fronte, una riproduzione del *Risorto* di
Piero della Francesca. Qualcuno vorrebbe accendere il
camino, la legna è sistemata, ma fa già abbastanza caldo.
Prendiamo posto. Io scelgo la sedia piú vicina alla porta.
– Se esco un attimo non fateci caso, può darsi debba as-
sentarmi qualche minuto durante la preghiera, – dico prima di incominciare. Ignorare ciò che mi aspetta mi agita
un po'. Non so se sarò capace di restare troppo a lungo
in silenzio e voglio essere certo di avere una via di fuga.
Pian piano tutti tacciono, si raccolgono, si mettono a
loro agio. Appena qualche minuto di assestamento poi Antonella intona l'invocazione allo Spirito a cui subito tutti
i presenti si uniscono: – *Ruah Elohim, Ruah Elohim...* –
per diverse volte, a cadenze diverse, ognuno entrando e
uscendo secondo il proprio ritmo. La vibrazione assume
nell'insieme una grande forza. Un'onda potente invade la
stanza e ricorda davvero lo Spirito di Dio che volteggia sulle acque all'inizio della creazione, come racconta la *Genesi*.
Un po' di nascosto, li osservo. Tutti tengono gli occhi
chiusi. Alcuni hanno le mani giunte appoggiate sulle gambe. Sembrano davvero attendere la venuta di qualcosa, di
qualcuno.
Il suono a poco a poco scema, i toni si fanno sempre piú
bassi, fino a scomparire.
Franco prende un respiro. Si sistema meglio sulla sedia
e si chiude in un profondo silenzio.
– Siamo vicini alla settimana santa, – dice Antonella.

– Vorrei leggere un brano del Vangelo di Giovanni, capitolo XVII, versetti 20-23. «Non prego solo per questi, ma anche per quelli che per la loro parola crederanno in me; perché tutti siano una sola cosa. Come tu, Padre, sei in me e io in te, siano anch'essi in noi una cosa sola, perché il mondo creda che tu mi hai mandato. E la gloria che tu hai dato a me, io l'ho data a loro, perché siano come noi una cosa sola. Io in loro e tu in me, perché siano perfetti nell'unità e il mondo sappia che tu mi hai mandato e li hai amati come hai amato me».

Gli occhi di tutti restano chiusi. Antonella, lasciando fluire con calma la voce, inizia a parlare.

– Il Vangelo di Giovanni non riporta il racconto dell'ultima cena con i segni del pane e del vino, ma introduce i densi capitoli in cui Gesú rende partecipi i discepoli di quel duplice movimento che unisce umanità e divinità di cui egli è Mediatore. Gesú è uno col Padre. Coloro che entrano in comunione col Figlio partecipano a loro volta della comunione col Padre, sono introdotti nella dinamica trinitaria. Giovanni ci immerge nello spirito di comunione vissuto con Gesú, ce ne offre un assaggio. Entrare in comunione con Cristo significa partecipare della sua natura divina. Ogni essere umano può sperimentare questa realtà di comunione lasciandosi scavare, aprire. Piú si discende verso il profondo, piú la parte egoica muore, si svuota. Le relazioni sono sempre piú difficili e aggressive perché c'è vuoto di amore. Il lascito di Gesú è il suo amore vivo, la sua esperienza di comunione col Padre. Parteciparne rende testimoni. Solo chi riceve e accoglie questa esperienza viva può a sua volta trasmetterla. I dodici apostoli rappresentano l'intera umanità. Essi ricevono per tutti il dono dell'amore incarnato. Il senso eucaristico espresso dai segni del pane e del vino trova in Giovanni il suo significato piú profondo. Corpo e sangue di Cristo sono la divina umanità che Gesú ha rivelato e impresso nella natura umana col fuoco del suo amore per sempre. Sta per iniziare la settimana santa. Cerchiamo di viverla alla luce dell'amore che si espande, che ci vuole raggiungere. Bisogna cedere a noi stessi, accogliere i segni. Se siamo qui oggi è per aprirci al tocco dello Spirito. Anche se i sensi non vedono, una parte dell'anima vede, ascolta, si affida.

Un momento di silenzio. Poi Antonella scandisce con calma: – Siamo sempre nell'in principio. In ogni attimo del tempo siamo sempre nell'in principio infinito ed eterno.

Intona quindi un canto vibrante, penetrante. Parole incomprensibili, struggenti. Corrispondono ai primi versetti della *Genesi* in lingua ebraica. Questo canto diviene un unico suono. Produce un silenzio perfetto che scende tra i rumori della mente e li spazza via, tra le paure dell'anima e le quieta.

– *Bereshit barah Elohim et hashamayim ve'et ha'arez...*

«In principio Dio creò il cielo e la terra. La terra era informe e deserta e le tenebre ricoprivano l'abisso e lo spirito di Dio aleggiava sulle acque. Dio disse: "Sia luce!" Fu luce. Dio vide la luce. Era bella».

Al termine del canto Antonella suona la campana tibetana. Dolcemente, per tre volte.

Io sbircio ancora qua e là. Un po', lo ammetto, per curiosità, ma essenzialmente perché quell'immersione cosí totale nel silenzio ancora mi spaventa. Traccheggio, prendo tempo. Tutti rimangono immobili nella loro posizione, come assenti, risucchiati dentro. Simona mantiene una posizione bene eretta. Franco piega la testa sul petto. Pian piano anche io mi abbandono. Il canto, come un vento, aveva portato via nuvole e nebbie, ma qualcosa in me ancora resisteva. A un certo punto, però, anche io devo aver

LA CUSTODE DEL SILENZIO

ceduto: non ricordo più niente. Il suono della campana mi sorprende. Una, due, tre volte. Capisco che il tempo del silenzio è terminato. Guardo l'orologio. Sono trascorsi almeno trenta minuti.

Lentamente tutti riaprono gli occhi, chi distende le gambe, chi muove la testa. Dopo un po' Antonella dice, con voce sommessa: – «Facciamo tre tende». Sí, proprio come dissero gli apostoli sul monte della trasfigurazione. Sarebbero voluti rimanere lí, sul Tabor, per sempre. Anche a me verrebbe da dire la medesima cosa. Ogni volta mi dispiace interrompere il silenzio, suonare la campana. Bisognerebbe trovare il modo di fare incontri più lunghi, intere giornate da dedicare al silenzio.

– Sí, è cosí, – dice Matilde. – Sarebbe bello poter stare qui ancora a lungo.

Anche gli altri annuiscono.

– Interrompo il silenzio perché vedo che il tempo è passato, – spiega ancora Antonella. – Tuttavia mi spiace sempre farlo. Sento che l'intensità aumenta e che ci sarebbe bisogno di restare ancora lí. È davvero un peccato staccare.

Poi, rivolgendosi a tutti, chiede se qualcuno desidera condividere qualcosa. Tutti tacciono assorti, finché Simona prende la parola.

– Durante il silenzio mi è parso tutto chiaro, è emersa in me una cosa di cui vorrei farvi partecipi. Ogni giorno posso scegliere se ascoltare cosa accade dentro di me oppure scaricare sugli altri o sugli eventi la colpa di un mio stato d'animo, magari negativo. Se riesco ad ascoltarmi, riflettendo su quello che le situazioni esterne scatenano dentro di me, mi sento più in pace, in contatto con la verità di me stessa. Riesco a vedere in modo diverso, ad avere nuove reazioni. Comprendo come certe persone, pur provocando in me reazioni negative, possono ugualmente divenire oggetto di amore. Cosí riesco a provare tenerezza, anche per coloro che magari mi fanno male. Riconosco che spesso tutto dipende da me, non da loro.

– Ciò che accade all'esterno, – dice Antonella, – è sempre un'occasione per riflettere su di noi, sulle nostre reazioni. Conoscere sé stessi porta in connessione con lo Spirito di verità che ci attraversa in ogni attimo del tempo. Portare quello che ci colpisce verso questa luce illumina i nostri occhi.

Simona continua: – Fermarmi a riflettere mi aiuta a capire che cosa ha generato quella reazione. Riflettendo, spesso la reazione si dissolve. Comprendo l'origine di quanto mi ha offeso.

Matteo rimane un po' assorto. Quindi apre gli occhi e inizia a parlare.

– Vorrei rendervi partecipi di una cosa. Come sapete lavoro nel carcere minorile. Da un po' di tempo stavo aiutando un ragazzo a riprendersi, un italiano. Quando è uscito dal carcere ha ricominciato a sbandare, a drogarsi. E un giorno... Insomma, un overdose. Forse è stato un suicidio, non lo so. La cosa mi ha scosso. Ancora oggi mi chiedo se ho fatto il possibile per lui. La sensazione è che non mi sono impegnato abbastanza.

– È giusto interrogarsi sulle proprie omissioni, – interviene Antonella. – A volte, però, gli avvenimenti ci superano. Sono piú grandi di noi. Io trovo sostegno nell'offrire. Espongo ogni dolore alla luce dello Spirito. Sono certa che la sua opera non conosce ostacoli e che il suo infinito amore, nel tempo, agirà. Almeno questo lo posso fare. Se preghiamo per un altro, è come se lo facesse lui stesso.

– Però è impressionante, – incalza Matteo. – Era lí accanto a noi, e d'un tratto è sparito.

– Capisco! Però la relazione con lui può continuare... attraverso la preghiera.

– È vero, ma ancora penso che avrei potuto fare di piú.

Franco è assorto, come assente. All'improvviso apre gli occhi e interviene.

– Credo che a volte ci sia solo da arrendersi, Matteo. Credo sinceramente che tu ti debba arrendere. Non tutto si può, non tutto si fa, non tutto va come vogliamo. A un dato momento rimane solo la resa. Deve essere parte della nostra vita.

– Però noi ci siamo negati, – continua Matteo. – La madre del ragazzo era ingestibile.

– Esistono grovigli inestricabili, – dice Antonella. – Non possiamo dipanarli noi. Occorre ricordare che tutto è dentro l'abbraccio dell'amore e che in questo abbraccio ci stanno anche quei grovigli. Non siete stati capaci di sbrogliare la matassa, ma lo Spirito Santo è amore, tutto conosce, tutto accoglie, tutto scioglierà nel tempo opportuno, di qua oppure di là.

Matteo si calma. Riprende la parola come se parlare lo aiutasse a far uscire quel dolore rimasto soffocato.

– È importante anche sapere che siamo servi inutili. In fondo ci si prova, poi va come va... Vorrei ricordarlo qui un minuto. Un campioncino di motocross col suo Ktm. Gli morí il babbo. Lui non reggeva la vita in famiglia. Rubò alle poste dove lavorava la mamma... Una rapina assurda... Ridevamo insieme di questa sua rapina. Venne liberato di domenica, rimandato a casa senza sostegni né protezioni. Aveva cercato aiuto. Aveva chiamato il 118, ma non sono arrivati in tempo per aiutarlo.

– Non dobbiamo scordare che tutti questi grovigli saranno redenti, – insiste Antonella. – È la grande promessa di Gesú, non possiamo dimenticarla. Tutto sarà redento. Come si chiamava questo ragazzo?

– Luca. Era buono, arguto, intelligente, direi pieno di sapienza.

– Nulla va perduto. Questa sua sapienza rimarrà. La misericordia divina abbraccia tutto, opera in eterno. Se tutto è uno, nulla rimane fuori da questo grembo di misericordia. Pian piano tutti nasceremo di nuovo. Prenderemo il volo. Anche i nostri errori verranno trasformati. Riconoscere eventuali errori, mancanze, omissioni è già di per sé un nuovo inizio.

– Comunque, quando si è fatto tutto, è indispensabile arrendersi, – torna a dire Franco. – Credo, infatti, che vada accettato anche l'incomprensibile. E il male è un aspetto di questa incomprensibilità. Perché il male c'è. Ed è un mistero. Quello che sto per dire forse può sembrare una mostruosità: non ci sarebbe nemmeno il bene se non ci fosse il male. La luce ha bisogno del buio per mostrarsi.

– Sí, – dice Antonella, – ma è un fatto di proporzioni. Il bene è tutto, il male solo una possibilità, una mancanza di bene. Il bene è come un oceano di luce, il male è un gorgo oscuro dentro quella luce infinita.

Franco non è convinto e ribadisce: – Ma la luce senza le tenebre non si vede nemmeno. Lo so, è un'idea mia...

Interviene Michela: – Il male non va combattuto. Va accresciuto il bene e accettata la nostra debolezza con umiltà.

Ora anche le parole sono finite. Occorre farle sedimentare nel silenzio. Portare nell'intimo quanto è emerso e lí custodirlo con le sue luci e le sue ombre.

Antonella ringrazia, invita tutti a recitare il Padre Nostro.

12.

Fin dall'inizio Antonella ha registrato «in diretta» quanto sgorgava dal silenzio, raccogliendolo in piccoli quaderni che ha conservato. Alcuni li ha ritrascritti; è un lavoro
che può fare solo lei. Ha pubblicato alcuni libri, e molti
altri sono ancora lí, in attesa di emergere da quelle pagine.
   – Avrei avuto bisogno di ascolto, d'incoraggiamento.
Non è stato facile andare avanti, ma alla fine ho capito che
io stessa dovevo appropriarmi di quel contenuto prima di
poterlo comunicare.
   – Posso vedere i quaderni?
   – Certo, seguimi.
   Dalla cucina ci spostiamo. Il corridoio è inondato di
luce. Ci accomodiamo sul divano, di fronte alla finestra.
L'armadietto verniciato di bianco è lí accanto, alto non
piú di un metro e mezzo e largo meno di uno, chiuso da
piccole ante.
   Dentro riposano le parole raccolte in piú di trent'anni
di solitudine. Mi avvicino con cautela. È lei ad aprirlo.
Pressati l'uno accanto all'altro, compaiono un centinaio di
quaderni. Alcuni hanno copertine di cartone rigido, altri
flessibile. Variano anche la misura e i colori: rosso, blu,
verde, nero. Ognuno rappresenta una tappa della sua vita.
   Antonella li estrae con cura, ben consapevole di quale
pezzo di passato, di volta in volta, stia ripescando. Sono
raggruppati in pile legate con un nastro.

Ne prende alcune: – Questi sono quelli scritti durante il viaggio nel deserto, – mi dice sicura. – Questi altri,
invece, sono piú recenti. Contengono meditazioni ancora
da rivedere. Questi raccolgono le parole che ho sentito da
mia madre dopo la sua morte...

Sfoglio le pagine, alcune sono ingiallite. L'inchiostro
è vergato con impeto sulla carta. A volte cambia colore.
Solo la grafia non cambia. È sempre la medesima: fitta,
decisa.

Questa specie di viaggio a ritroso sulle tracce del silenzio
mi fa intuire che devo scavare piú a fondo nella storia di
cui, pezzo dopo pezzo, sto cercando di ritessere la trama.

Antonella e io ci siamo incontrati ormai varie volte, ho
raccolto molti suoi racconti, nella cucina. Ogni tanto siamo entrati in pustinia per intensi momenti di silenzio. Ho
vissuto i miei tempi di deserto, e di ciascuno ho un ricordo preciso: ne sono sempre uscito con una nuova serenità,
spesso con qualche intuizione. Cose semplici, ma profonde, utili per la mia vita.

Non sono però ancora riuscito a farmi un'idea di cosa viva lei quando si immerge nel silenzio. Lo so, di certe
esperienze nulla si può dire. A volte, mentre parla, non
riesco a seguirla fino in fondo. C'è sempre la fatica di dover passare a un altro registro. Quando cerca di comunicare qualcosa, dà per scontato un codice che a volte un po'
sconcerta, non è subito chiaro.

Cerco di farle presente questa difficoltà. Mi risponde:
– È un po' come apprendere una lingua. All'inizio ci ri-
sulta estranea, poi piano piano ne acquisiamo i vocaboli,
la sintassi, familiarizziamo con essa. L'importante è immergersi, lasciarsi attraversare, non chiudersi.

L'esempio è calzante. Bisogna cedere, abbandonarsi,

ma spesso la mente costituisce un ostacolo. Le chiedo di provare a raccontare.

– Su questi quaderni è registrata la memoria del tuo viaggio solitario. Potresti cercare di descrivere in breve cosa vivi nel silenzio, spiegare in sintesi quali sono le tappe, quali gli ostacoli che incontri?

– Vedi, la mia esperienza non si basa su una tecnica. Non sapevo niente della meditazione e di cose di questo genere. Ho già parlato di come ho scoperto il silenzio e di come si sia insinuato con forza nella mia vita, divenendo il centro intorno a cui tutto ha preso a ruotare. Non sapevo niente dello stato in cui mi immergevo. Solo col tempo ho capito che quel lasciarmi avvolgere dal silenzio era una preghiera di abbandono. Stavo lí, dove effettivamente ero, in contatto con la mia verità profonda, che sentivo anche se sfuggiva alla mia comprensione. Stavo lí, nel qui e ora. Da allora è sempre stato cosí. Quando mi siedo, non faccio altro che stare lí. Il primo punto, la chiave di tutto, è stare lí. L'unica volontà necessaria è decidere di stare lí. Non come forzatura, ma come bisogno urgente. Stare lí è accettare di ascoltare lo struggimento interiore che non ascoltiamo mai. È seguire l'anelito piú intimo dell'anima, vivo, pulsante, che chiama, anzi che grida perché non accolto.

– Io ho sempre pensato che per la meditazione la posizione fosse importante. Riuscire a stare in un certo modo può aiutare a concentrarsi, non credi?

– Sí, ma per me non è un fatto di posizione, bensí di disponibilità a un atto di amore verso sé stessi. Spesso la prima cosa che sento in chi viene qui è un grido soffocato. A volte è un pianto. C'è un pianto rappreso che subito affiora. Il pianto di un neonato nudo, disarmato. Puro, vero. Solo ciò che è vero rifulge della piú tersa bellezza, come gli occhi persi di un vecchio che brillano di luce invisibile, o come lo sguardo immobile di un moribondo, già assorto in un altrove. La bellezza lí si accende di tutta la sua luce, l'essere profondo inaspettatamente compare.

Queste parole mi toccano, non me le aspettavo. Ho un moto di commozione, forse anch'io, d'improvviso, sento il mio pianto interiore. Le lancio uno sguardo smarrito e lei lo ricambia come se avesse compreso. Continua.

– Stare lí è l'imperativo categorico di chi ha imparato ad ascoltare quel grido. Non come atto imposto dalla volontà, ma come cedimento verso il divino amore che si risveglia nell'umanità proprio quando il grido si fa percepire. Il grido, come una freccia, fende tutti gli strati di detriti accumulati dal tempo e apre un sottile canale attraverso cui l'ordine divino irrompe e la volontà che lo governa fa presa. Imprimendosi con suggello indelebile, divenendo attiva dentro la nostra volontà che invece recalcitra, trova tutte le scuse per svicolare. Quel suggello contiene in sé la vitalità di una forza soprannaturale che senza alcuno sforzo tiene lí, dolcemente, con tutta la tenerezza dell'amore gratuito che niente chiede.

Sono parole forti. Sorgono da un fondale misterioso per rivelarsi, ma c'è un punto che non mi è chiaro. La interrompo: – Non capisco. La volontà vuole o non vuole?

– Lo stare lí tiene per forza propria. Come un perno, un cardine che argina la nostra volontà, la quale alla fine accetta e si quieta. Cede a sé stessa. Lo stare lí permette di sentire quanto di noi non vogliamo ascoltare: le sofferenze, i desideri profondi, i sensi di colpa, le paure. Permette di conoscere tutto ciò che passa, in diretta, senza piú veli. Consapevolmente. È come guardare il film di noi stessi, quello vero però, senza maschere. Non siamo piú identificati con quello che ci circonda, assorbiti nelle mille cose, ma vigili, attenti. Scorrono fiumane di pensieri, si accavallano nella mente. Fluiscono le emozioni. Lasciamole andare. Sgorgano dal profondo in cui sono annidate. Le guardiamo con tenerezza, senza giudizio, sentendone l'impatto. Non siamo piú identificati con esse, posseduti, ma distaccati. Piú stiamo lí, vigili, piú diveniamo come un occhio esterno in grado di vedere quello che passa. Insieme siamo in grado di sentirlo, soffrirlo, gioirlo mentre affiora. Se è dentro di noi, è bene che venga fuori per farsi conoscere. Ciò di cui prendiamo consapevolezza possiamo riattraversarlo anche se è accaduto in un tempo lontano. Un dolore rifiutato, rimasto inabissato, diviene un peso che oscura ogni interiore vitalità.

Mentre parla, il sole inonda il divano dove siamo seduti, le ore scorrono e il giorno arriva al suo culmine. Tante domande si affollano nella mia testa, ma non la interrompo.

– La radice della vita divina è nel profondo. È la scintilla che un sottilissimo filo sempre mantiene unita all'origine. Come nella realtà fisica il cordone ombelicale viene reciso appena nasciamo per essere ritessuto a un altro livello di relazione che, seppure diversa, non è inferiore per intensità, cosí è per la realtà spirituale. Ciò che ci fa dire io, non ci separa dalla matrice profonda che è Dio, la vita divina in noi. Proveniamo dalla sostanza divina e di questa viviamo. Centrarsi nel qui e ora significa partecipare dell'eterno presente, della vita divina a cui apparteniamo. Aderire a quello che è, senza piú veli. Quando anche l'ultimo strato che divide è consumato, avviene l'immersione. Il diaframma scompare. L'attimo che dissolve l'identificazione con l'io, non elimina la distinzione. L'universale non elimina il particolare. Tutto partecipa del perfetto equilibrio che governa la misura e fa sí che la bellezza sia.

È l'amore. Nell'umanità di Gesú il Dio unico diviene trino, il piccolo io diviene Io Sono. Coscienza consapevole
di un'infinita relazione di amore.

Mi sembra di essere dentro un vortice. Le parole mi tra-
scinano, appena intuisco qualcosa il fondo si apre di nuovo
mostrandomi che altro ancora ho da ascoltare, da capire.
Non posso piú frenarmi, le chiedo: – Torniamo allo stare
lí. Poi cosa accade? Qual è la tappa successiva?

– Lo smascheramento spazza via l'ingombro piú superficiale che impedisce il contatto con la nuda verità. Stare
lí prepara la discesa, o la salita, che è lo stesso. Si comincia a percepire la distanza. C'è un territorio che separa da
quel luogo intimo che si è fatto sentire. Come la notte che
separa dalla luce del sole. Ma piú si percepisce la distanza,
piú lo struggimento per quella luce diviene vivo facendosi
spazio nel cuore tanto da smorzare ogni altro desiderio.
Questo dà la fermezza di stato. Permette di stare lí immobili senza nessuna forzatura della volontà che, presa da
una forza superiore che la tiene buona, diviene mansueta
come un cagnolino addomesticato. Stare lí tiene ferma la
luce nella notte dell'anima. Tiene fermo il luogo vivido del
cuore. Si mette in moto un immenso lavoro che richiede
assoluta immobilità. Non è un fatto di posizione, né di volontà che si impone, bensí di cedimento interiore. Piú quel
luogo intimo si fa sentire come sostanza tersa e viva, piú
quella sostanza tracima, sale su, come l'alta marea che
pian piano inonda tutto. È lo Spirito Santo, la sostanza
creatrice da cui si formano i mondi visibili e invisibili e
che pervade ogni corpo creato, ne è il succo profondo, la
scintilla originaria.

Mi viene subito in mente la parabola della vite e dei
tralci. Le immagini evocate prendono corpo, assumono il
sapore di una realtà vissuta che comincia a risuonare in

me, a portarmi dentro quell'esperienza, a rendermi parte-
cipe. Antonella continua.

– Si mette in moto una corrente che si fa percepire. La
piccola luce sul fondo si tende verso l'alto, anela. La grande luce emanante allora discende per raggiungerla. Tutta
la distanza che separa si fa sentire come una massa oscura
indistinta, ma lentamente prende forma mostrando, pezzo dopo pezzo, quello che nasconde. Emergono ferite,
ricordi, dolori nel corpo, pesantezze. La luce tutto intorno lambisce quei pesi, scava come acqua che, scorrendo,
s'imbatte in pietre e macigni che non possono frenarne il
corso, anche se lo rallentano. Stare lí è accettare di farsi
assorbire nell'opera creatrice. Il peso resta e opprime. Nel
cuore e nella testa si avverte un macigno. Sentirne l'impatto fa bene, fa capire quello che c'è, lo fa rivivere mentre
la luce lo consuma. Entrare nel silenzio porta lí, diciamo,
dove il dente duole. Il dolore diviene possibile perché so-
stenuto dalla luce come se le appartenesse e fosse con essa
un corpo solo. Bisogna lasciarsi scavare, sciogliere. A un
certo punto non si sente piú nulla, decade ogni pensiero,
la memoria si oblia. Scompare ogni distanza, quel luogo
anelato diviene un nulla di pienezza che assimila completamente in sé facendo scomparire a sé stessi.

Ascoltandola mi sento attraversato, toccato da un sorta di
inquietudine. La interrompo. – Ti dico la verità, quanto
dici mi provoca un certo turbamento, un timore. Avverto
come un pericolo. E se questo scomparire a sé stessi provo-
casse un qualche dissesto? Può accadere che si tocchi un limite irreversibile che mina l'equilibrio psicofisico?

– Posso solo parlare della mia esperienza. In realtà è il
contrario. La riemersione da lí rivela proprio quanto non
si può dire. Levità, pace, beatitudine fanno comprende-

re che è accaduto qualcosa di psicofisico, che c'è stata un'esperienza viva, concreta. Non c'è piú peso, ma infinita leggerezza. Anche lo struggimento è placato, scomparso. Sono attimi che portano rigenerazione. La bellezza creata compare piú che mai accesa e tersa nell'occhio che la vede cosí meravigliosa. Si avverte una forza nuova nel corpo, una maggiore vitalità che subito spinge ad amare di un amore che non si può contenere. Va da sé, porta, conduce. Finché nuovamente si esaurisce e allora tutto ritorna faticoso, pesante, quasi le forze venissero meno. C'è di nuovo da attingere, da rientrare dentro, da tornare a casa dov'è rigenerazione, ristoro. Sí, il silenzio è un tornare a casa, al luogo dell'origine dove tutto resta e aspetta.

13

Dopo aver visto i quaderni intuisco come possa essere nato l'ultimo libro di Antonella, *Dio è Madre. L'altra faccia dell'amore*. L'ho appena letto e mi ha lasciato aperti diversi interrogativi. Si sente che è ispirato dal silenzio. Di questa percezione di Dio come madre, Antonella mi ha parlato piú volte. La tematica è coinvolgente, voglio approfondirla.

– Immagino che il testo sia frutto di una rielaborazione dei tuoi quaderni. Mi piacerebbe sapere qualcosa di piú sulla sua genesi.

– Sí, mette insieme le meditazioni scaturite durante due pellegrinaggi solitari, uno all'isola di Patmos, l'altro a Medjugorje. Non richiede di essere capito, ma di fluire nell'anima.

Intanto dall'armadietto tira fuori due spessi quaderni neri con costola rossa e copertina rigida legati da un nastro. Ne apre uno. Sulla prima pagina si legge la data: 9 giugno 1988. Sfogliando le pagine, cerco di focalizzare le cose che vorrei chiederle.

– Comprendo quando dici che non è importante capire tutto, però mi piacerebbe sapere in che modo si è sviluppata in te la percezione di Dio come madre. Come ha preso forza fino a convincerti di doverla comunicare attraverso questo libro?

– Se ci avessi troppo pensato, non avrei fatto nulla. Ho

custodito gran parte delle meditazioni per decenni. Questa percezione si è formata piano piano attraverso la mia vicenda umana, ma ci sono stati eventi precisi del tutto imprevisti dai quali mi sono sentita come sopraffatta. Tappe di un itinerario guidato da un filo invisibile che seguivo senza capire dove mi avrebbe portata. Poi tutto è divenuto chiaro, come se ogni tassello del mosaico fosse stato messo al suo posto e la figura fosse emersa nel suo splendore.

– Puoi provare a raccontarmi i passaggi di quello che è accaduto?

– Il silenzio chiama all'ascolto, ma la parola che sgorga nell'intimo non si sa quali orizzonti possa aprire. Comincerò dall'inizio. Era il 1988. Mi trovavo nella chiesa di San Frediano in Cestello, dove mi ero raccolta un po' in silenzio. Sentii nel cuore queste parole: «Sono lo Spirito Santo, sono la Madre che è in Dio». E ancora: «Sono il materno amore racchiuso nella Santissima Trinità. Il Padre genera, ma è l'immacolata concezione che fa nascere il Figlio. È il materno amore che porta a compimento l'opera. Io sono lo Spirito Santo, sono il grembo della divina maternità. Il Padre ama, il Figlio è l'amato, lo Spirito Santo è amore in atto, amore che si effonde per amare. Lasciati amare dall'amore!» Come sempre avevo un quaderno con me e subito ho registrato tutto. Quelle parole mi avevano come svuotata, non trovavano posto nella mente. Ero smarrita, incredula.

– Come si tende a rimuovere gli eventi troppo dolorosi, credo che sia del tutto naturale rimuovere anche queste esperienze, magari convincendosi che non siano accadute.

– Sí, è proprio cosí. La mia vita procedeva come prima, ma mi sentivo divisa dentro. Una parte di me ne era rimasta pervasa, una parte faceva finta di niente cercando di continuare a svolgere la vita di sempre. Quelle parole, in realtà, avevano scavato in me un solco che era impossibile richiudere. In quel periodo stavo leggendo l'*Apocalisse*, e cominciai a sentire una spinta interiore che non mi dava tregua. Dovevo andare a Patmos, nell'isola dove quel libro era stato scritto. Opposi resistenza, ma non trovai pace finché non mi misi in viaggio.

Preparò uno zainetto e si recò ad Ancona, dove salí sulla nave per Patrasso.

Appena giunta ad Atene Antonella acquistò il biglietto per Patmos; s'imbarcò il giorno successivo. Il traghetto era alquanto malconcio, il mare molto agitato. Fu una traversata turbolenta. Appena approdata a Skala trovò un alloggio: una camera luminosa che si affacciava su Chora, la cima dell'isola su cui troneggia il monastero di San Giovanni.

– La mattina seguente, di buon'ora, m'incamminai lungo la mulattiera che portava su verso Chora, dove si trova la grotta in cui Giovanni ha ricevuto le visioni. Mentre salivo udii interiormente queste parole: «Ascolta bene: ora sta per iniziare un tempo nuovo, l'èra di Dio Madre, l'èra dello Spirito Santo che l'unigenito figlio ha effuso sulla terra, l'èra in cui Dio potrà essere amato in spirito e verità. Oramai tanti hanno seguito Gesú e tanti sono i figli e le figlie di Dio, i viventi, i santi che sono nella gloria». Anche questa volta rimasi molto colpita. Compresi subito che quel messaggio costituiva la chiave di lettura dell'*Apocalisse*.

– Infatti il tuo libro ne dà un'interpretazione molto singolare.

– Sono rimasta a Chora piú di una settimana in una casetta in affitto con un bel giardinetto, lassú non c'erano alberghi. La mattina presto scendevo nella cappella costruita sulla roccia. Stavo lí per ore, quanto sentivo necessario. È stato un tempo forte, intenso, quasi un sogno. Leggevo il testo e rimanevo lí, in abbandono, come assente. Scrivevo sul quaderno tutto quello che il silenzio ispirava. L'*Apocalisse* apre lo scenario grandioso dell'azione che lo Spirito Santo muove nell'umanità, dentro la storia. Giovanni aveva visto quello che il Verbo vede dal suo regno e lo aveva riportato in quel libro che chiude l'Antico e il Nuovo Testamento, segnando il passaggio che ricapitola tutto a un livello nuovo. Il tempo si consuma, si esaurisce via via che quanto è nella storia, purificandosi, passa nell'eterno, entra nel regno dei cieli. La resistenza è grande, ma l'opera dello Spirito Santo è amore in atto che guarisce, tenerezza che scioglie. È la gestazione della divina maternità che anela a riportare verso di sé i lontani, coloro che sono chiusi e non si abbandonano, che non si lasciano amare dall'amore, i morti che devono nascere alla luce. Il tempo del Padre è contrassegnato dal giudizio, il tempo del Figlio dall'amore, il tempo della Madre da un'espansione universale dell'amore, dalla misericordia.

– Del tuo libro mi ha toccato l'immagine di un amore sconfinato e insieme nascosto, umile. Un amore che non chiede niente. Piú si sente rifiutato, piú aspetta amando con maggiore intensità. È una visione che rende bene l'idea del materno amore di Dio. Riuscire a scorgerlo fino a farne apparire il volto rimasto sempre in ombra può divenire un grande sostegno per l'umanità del nostro tempo, non credi?

– Sí, assolutamente. Vedere Dio come Madre aiuta a percepire i movimenti intimi dell'amore, il modo in cui agisce. Penetra in profondità, ma dolcemente. Possiede le chiavi giuste per farsi accogliere. Piú si fa conoscere, piú educa a sé, insegnando ad amare. Non forza, aspetta che il suo calore maturi le giuste condizioni. Lo Spirito Santo è come un immenso grembo di gestazione. Tutto avviene dentro la sua luce. Spiritualmente siamo come bambini in crescita. L'errore, le cadute, fanno parte del cammino. Il tempo, la storia, sono necessari perché permettono la coazione a ripetere. Finché una prova non è superata, va ripetuta. L'importante è riconoscere l'errore e chiedere aiuto. Se ci sentiamo giudicati prevale la paura ed è difficile accettare di conoscere la verità. L'essere umano ha paura di sé stesso, delle proprie azioni sbagliate, dei propri errori. Sapere che c'è una madre amorosa che accoglie, aiuta a progredire. Di questo c'è molto bisogno. Fin dall'inizio durante il silenzio percepivo l'abbraccio di un'intima presenza, ma non pensavo allo Spirito Santo; l'ho capito piano piano anche grazie a questi messaggi. Quella presenza non chiedeva niente, solo di abbandonarmi alla sua tenerezza, alle sue cure. Bisogna cedere al suo richiamo, immergersi nel profondo dove sempre rimane vivo. Lasciarsi amare produce un allattamento rigeneratore che riconduce nel grembo dell'origine che ci ha generati. Risalire da questo fondo di amore puro è come rinascere a nuova vita. Solo questo dà la forza per ripartire, per affrontare il mondo. La beatitudine è riposo nell'abbraccio dell'amore creatore, nel grembo della divina maternità. Ti ricordi il dialogo di Gesú con Nicodemo?

– Sí, certo: «"Se uno non nasce dall'alto, non può vedere il regno di Dio". Gli disse Nicodemo: "Come può un uomo nascere quando è vecchio? Può forse entrare una seconda volta nel grembo di sua madre e rinascere?" Gli rispose Gesú: "In verità, in verità ti dico, se uno non nasce da acqua e da Spirito, non può entrare nel regno di Dio"» (*Gv* 3, 3-5). Adesso è piú chiaro. Il grembo della madre in cui dobbiamo rientrare per nascere di nuovo è lo Spirito

Santo. Questa interpretazione è convincente, però potrebbe avere delle ricadute teologiche.

– Ci sono una teologia del Padre e del Figlio, manca una teologia della Madre. Portare alla luce gli aspetti materni di Dio richiede sicuramente uno spostamento teologico, una visione piú completa di Dio.

– Il principio materno e femminile di Dio è dunque lo Spirito Santo?

– *Ruaḥ* in lingua ebraica è femminile. Fin dai primi secoli, nella tradizione orientale, lo Spirito Santo è stato associato alla *sophia*, che è femminile. Poi, nella lunga fase di elaborazione teologica della Santissima Trinità, l'associazione si è perduta.

– La divina maternità è dunque l'opera che lo Spirito Santo compie nell'umanità elargendo misericordia. Mi sembra una percezione in sintonia con il giubileo indetto da papa Francesco.

– Sí, questo giubileo è un grande segno, l'annuncio che si sta preparando un passaggio. Ho tenuto in un cassetto i miei quaderni per oltre venti anni. Solo durante un solitario pellegrinaggio a Medjugorje, nel 2010, ho percepito che i tempi erano maturi. Mentre salivo sul Podbrdo, la collina delle apparizioni, ho udito nel cuore queste parole: «Il male è finito». Subito ho pensato che il male riguarda la storia, non l'eterno. La fine del male mi fece pensare alla fine dei tempi. Ripensai all'*Apocalisse*, alle ère che si dovevano susseguire, al tempo della Madre. Quella frase era la conferma di una grande opera spirituale in atto, mi riportava all'annuncio ricevuto a Patmos.

– È questo che intendi alla fine del libro, quando accenni a una nuova èra che sta per iniziare?

– Sí. La fine del male non può che alludere a un tempo di espansione dell'amore e proprio lí, in quel luogo, mi sentivo leggera, liberata dal peso. Percepivo la presenza di una cascata di luce, un canale aperto che ricongiunge terra e cielo, come se nell'invisibile si stessero preparando le condizioni spirituali per un cambiamento epocale. Pensavo a quante anime sante in ascesa verso la luce dal regno dei cieli irradiano amore verso il nostro mondo. Ero certa, l'èra della Madre era iniziata, i tempi erano maturi. Lí si chiudeva il cerchio di un lungo itinerario.

Appena tornata a casa da Medjugorje Antonella riprese i quaderni scritti a Patmos. Erano trascorsi ventidue anni. Cominciò a dare corpo alla stesura di una trama che sembrava fluire da sola. Mise insieme il testo in breve tempo, con urgenza. Si rivolse a numerose case editrici, ma senza risultato. Poi d'un tratto le strade si aprirono e nel 2012 il libro fu pubblicato.

– Fu un vero e proprio parto. Dio è Madre, venendo alla luce, mi ha liberata da un enorme peso. Come ogni figlio, ha cominciato a camminare nel mondo con le sue proprie gambe. Il segno evidente di un tempo nuovo l'ho visto proprio in papa Francesco. Il suo pontificato è una costante testimonianza di amore, tenerezza, misericordia. Va oltre ogni giudizio.

14.

Oltre agli incontri di gruppo, Antonella accoglie anche singole persone.

– In pustinia ci mettiamo a nostro agio, invochiamo lo Spirito Santo e rimaniamo in silenzio. Chi viene, appena lo desidera, comincia a parlare. Io ascolto con attenzione, consapevole che non siamo soli, ma al cospetto della luce dello Spirito.

Un giorno arrivò Federico, un giovane molto sensibile, intelligente, dotato di un particolare talento artistico. Giunse afflitto da una grande oppressione, tanto che disse ad Antonella: «Sento un peso tremendo nei visceri come se dovessi partorire». Era in crisi, confuso. Cominciò a raccontare delle sue lacerazioni: problemi affettivi, situazioni pesanti in ambito artistico, paure verso il futuro. Ma quel groppo era qualcosa di piú.

Antonella prosegue a rievocare l'incontro.

– Da giorni Federico percepiva un crescendo di angoscia, di dolore. Dopo un momento di silenzio lo invitai ad aprire il Vangelo. Uscí la pagina del brano delle nozze di Cana: «Venuto a mancare il vino, la madre di Gesú gli disse: "Non hanno piú vino"». È Maria a rendersi conto che manca il vino, è lei a spronare Gesú ad agire. La madre inizia il figlio alla propria missione. Quel passo giovanneo a un tratto m'illuminò. Maria assume grande autorevolezza. Mette bene in luce il valore di una maternità spirituale.

Fa crescere figlie e figli di Dio la madre che non tarpa le ali, che non avvinghia a sé, che non cerca di trattenere le proprie creature, ma le invita a incamminarsi sulla loro strada. Maria sa che il figlio sarà esposto all'invidia, all'odio, alla violenza, eppure un amore piú grande la spinge a iniziarlo alla missione per la quale è venuto nel mondo.

– Questo ragazzo si sentiva oppresso da sua madre?

– Non tanto dalla propria madre biologica, quanto da una visione distorta e coercitiva del materno. Il coraggio si matura attraverso un materno autorevole che aiuta a crescere, che permettere di lanciarsi nella vita, di rischiare.

– Federico è tornato ancora?

– Sí, quando ha bisogno torna. Nel momento di maggiore esasperazione ha avuto il coraggio di staccare, di prendersi una pausa. Ha smesso di interrogarsi, di tormentarsi, ha trascorso un periodo in cui ha mollato tutto dedicando molto tempo al silenzio, alla preghiera, all'abbandono interiore, senza piú pensare al futuro. Si era troppo identificato con aspettative che percepiva piú grandi di lui. Lo opprimevano, lo schiacciavano. Pian piano ha cominciato a trovare il suo centro. Il parto che doveva affrontare era quello di nascere a sé stesso. Ha detto sí all'atto creativo. L'azione creatrice chiede di non essere ostacolata. Si rivela facendo emergere l'identità profonda, quel nome che ognuno racchiude nel segreto. La fatica di nascere richiede di interiorizzare una madre purificata, che dia il coraggio di uscire dalle false sicurezze, che esorti ad affrontare le resistenze che si contrappongono alla potenza creatrice.

– Maria rimane quindi il modello di riferimento a cui dobbiamo guardare? A me sembra però piuttosto controcorrente rispetto al femminile e al materno che caratterizza il nostro mondo. Anche l'emancipazione femminile propone immagini diverse: donne vincenti, capaci di stare al passo con gli uomini anzi, per certi versi, in competizione con loro, a volte perfino un po' aggressive.

– L'aspetto emergente è ancora questo. Ma l'emancipazione femminile, non dimentichiamolo, è avvenuta proprio nell'Occidente cristiano. Il cristianesimo porta una grande spinta di liberazione nei confronti di ogni forma di potere, possesso, sopruso. Le donne prima hanno dovuto prendere coscienza di sé stesse, riconoscersi nell'altra, parlare una lingua comune, riscoprire la sacralità del corpo espropriato da una cultura mercificante. Ne è emersa una nuova soggettività con la quale la società, compresa la Chiesa, è obbligata a confrontarsi. Per tirarsi fuori dallo stato subalterno in cui le ha relegate una plurimillenaria tradizione patriarcale, le donne hanno avuto bisogno di imporsi, appropriandosi di ruoli e modalità maschili. Questo ha comportato una reazione fortemente aggressiva da parte di uomini che si sono visti privati di un diritto acquisito e considerato naturale. Al contempo certi eccessi hanno snaturato le donne stesse provocando sofferenze e crisi di identità. Ora è necessario che il femminile emerga in tutta la sua nobiltà e potenzialità creatrice per bilanciare lo squilibrio di un maschile fuori controllo e per aiutare gli uomini a intraprendere anch'essi un percorso di consapevolezza. Il modello non può che affiorare dal profondo dove è inscritto da sempre. I tratti autentici, direi archetipici, ontologici del femminile sono recettività, accoglienza, dolcezza, mitezza, interiorità, umiltà, capacità di ascolto. Esprimono la parte contemplativa dell'anima, estranea a ogni forma di possesso, potere, violenza, cupidigia. Questa, solo all'apparenza piú debole, costituisce in realtà la parte piú forte, sensibile alla bellezza, all'intuizione, alla vitalità creatrice.

– C'è una correlazione con l'emergere del volto materno di Dio?

– Sí, certo. Il processo di emancipazione femminile è il segno di una trasformazione in atto che, spostando il punto di vista, mette a fuoco tratti rimasti in ombra per millenni. Piú si colmano i tasselli vuoti del mosaico, piú il divino amore potrà manifestarsi in tutta la sua luce. Questo vuoto teologico, fin dalle origini, è stato mirabilmente colmato da Maria, ma l'affiorare degli aspetti materni di Dio, nel nostro tempo tecnologico, sradicato e disumanizzato, costituisce una spinta dinamica nuova necessaria all'incarnarsi dei piú autentici tratti materni nell'umanità. La divina maternità si è incarnata in Maria, si è manifestata attraverso di lei, ma in sé stessa è sempre rimasta in ombra. In realtà si rivela proprio nell'Annunciazione. Lo Spirito Santo discende in pienezza nella vergine fanciulla di Nazaret perché in lei non trova ostacoli. Maria concepisce il figlio divino perché accolto senza riserve. Cosí avviene l'immacolata concezione. La vergine fanciulla di Nazaret rimanda alla vergine figlia di Sion cantata dai profeti. Allude alla fedeltà all'alleanza, a quella verginità del cuore in cui è morta ogni seduzione idolatrica. Solo dove trova questa condizione la divina maternità, cioè lo Spirito Santo, concepisce il figlio divino nella natura umana.

– Mi sembra importante valorizzare la verginità di Maria come verginità del cuore. Il piano fisico allora diviene secondario?

– La verginità del cuore implica una purezza che investe corpo, anima e spirito. È il presupposto necessario che, a livello simbolico, prepara il passaggio dalla Grande Madre alla Vergine Madre, come dire il passaggio da una maternità dominata da potenze naturali e psichiche a una maternità spirituale. Solo dove governa lo Spirito Santo le potenze si quietano, si armonizzano. La Grande Madre è legata al ciclo ripetitivo, è coercitiva, possessiva.

Fa leva sulla seduzione, piega le forze psichiche e fisiche alla propria volontà, arriva a uccidere i figli. Permane in essa un potere che decide sulla vita e sulla morte. La Vergine Madre è invece interamente spostata sul piano di un amore gratuito, purificata da ogni forma di seduzione e attaccamento che impedisce al figlio di divenire l'essere umano che potenzialmente è. Maria incarna in pienezza la Vergine Madre: umile, silenziosa, nascosta, ma presente. Radiosa nel *Magnificat*, autorevole a Cana, forte sotto la croce. Il tempo dello Spirito Santo richiede l'elaborazione psichica di questo passaggio. Solo una madre liberata può far crescere figlie e figli di Dio. Lo Spirito Santo santifica. La santificazione è la lunga gestazione che abbraccia l'intera creazione per spostarla di piano.

15.

Antonella non solo riceve a casa sua, ma da alcuni anni tiene incontri mensili di meditazione e silenzio in una parrocchia. Partecipa inoltre a vari eventi di spiritualità. Di particolare importanza è Un Tempio per la Pace, associazione laica fondata circa vent'anni fa da un architetto fiorentino, insegnante presso un liceo artistico della città, che di fronte all'ennesimo atto di terrorismo si sentí spinto a fare qualcosa per la pace. Cominciò coinvolgendo i suoi studenti. All'inizio pensava concretamente a un terreno dove poter collocare una tenda. Poi tutto è rimasto virtuale, crescendo però in attività e partecipazione.

– In pratica che cosa fate? – le chiedo.

– In questi anni sono state molte le iniziative che hanno coinvolto sia laici sia esponenti delle varie religioni. Oltre a convegni e conferenze con ospiti di eccezione, quali Thich Nhat Hanh e il Dalai Lama, oltre al premio letterario «Firenze per le culture di pace», l'evento centrale rimane l'incontro in Palazzo Vecchio, la sede del Comune di Firenze. Una volta al mese, alle ore 21, ci troviamo in una sala che ci viene messa a disposizione. Ci sediamo in cerchio, ognuno legge un breve brano relativo alla propria tradizione, poi condividiamo venti minuti di silenzio. Negli anni abbiamo imparato a conoscerci, a volerci bene. Quando si pongono al centro valori essenziali quali la pace, la giustizia, il rispetto per l'altro, non è poi cosí difficile l'amicizia. Il silenzio mette a tacere tutte le differenze, unisce pacificando in profondità. A volte, durante quegli incontri, ho percepito distintamente che stava prendendo corpo una coscienza nuova. L'ultima iniziativa, che sembra prossima ad andare in porto, è la «stanza del silenzio», un luogo aperto tutto il giorno per chiunque – religioso, ateo, gnostico – senta la necessità di raccogliersi. Il Comune di Firenze ha preso a cuore l'iniziativa, anche se per ora non è stata trovata una sede.

Oltre agli incontri di Firenze, Antonella partecipa a convegni e iniziative di spiritualità cui viene invitata in vari luoghi d'Italia. Intorno a lei si sono creati contatti, rapporti.

– Che tipi di persone ti capita di incontrare?

– Chi frequenta certi ambienti sta cercando qualcosa, è in crisi, vive il disagio dell'esistenza. In prevalenza sono donne, piú sensibili verso il mondo interiore. In ambito laico si creano subito corrispondenze. Si percepisce una risposta immediata. Molte persone praticano la meditazione di tipo orientale, hanno alle spalle esperienze di silenzio. Sono interessate, fanno domande. Quello che ai loro occhi appare nuovo è che la mia esperienza sia calata nel cristianesimo. L'interesse allora si focalizza sul cercare di individuare le differenze fra cristianesimo e tradizioni orientali.

– E in ambito cattolico c'è partecipazione?

– Avverto delle aperture, ma prevale una certa resistenza. Chi è abituato alle forme tradizionali di preghiera non solo si sente a disagio, ma è anche un po' sospettoso. Uscire dagli schemi richiede libertà interiore. Lo Spirito si insinua nei pertugi vuoti, tocca corde sottili. La preghiera ripetitiva ha una sua forza, ma non a tutti corrisponde, bisogna dare spazio ad altre modalità.

– Quanto dici mi interessa molto. Mi fa comprendere meglio perché ho sentito la spinta a cercare una persona

che facesse un cammino solitario. Capisco il tuo bisogno
di restare ai margini.

– Come ho già detto, mi sono sempre sentita sulla soglia,
per riprendere l'espressione di Simone Weil. Sul confine
tra il mondo che è fuori e quello che è dentro la Chiesa.
Questo è per me il posto giusto. La libertà dello Spirito
richiede un approccio intimo senza mediazioni. Molte
persone «in ricerca» hanno sete di interiorità, ma poiché
nella Chiesa trovano con difficoltà punti di riferimento,
si orientano altrove. La ritualità tradizionale non colma il
bisogno intimo di contatto con lo Spirito. Cosí le persone
si allontanano, cercano altre vie.

– Cosa dovrebbe fare la Chiesa?

– Dovrebbe interrogarsi. Ora mi sembra che, sotto la
pressione di papa Francesco, abbia cominciato a farlo. In
generale i preti sono diffidenti verso il silenzio e la meditazione, invece è urgente riportare al centro dell'attenzione
l'immenso patrimonio spirituale che sta alla radice della
cristianità sia orientale sia occidentale. Col tempo ha pre-
valso l'omologazione della preghiera, ma troppa organiz-
zazione rischia di inibire la forza redentiva del cristianesimo che passa dall'intimo, sanando le ferite nel profondo,
smascherando, purificando.

– In questi incontri qual è la tematica di cui parli piú
spesso?

– Un argomento ricorrente riguarda il nuovo monachesimo. La nostra società mediatica ha un bisogno improro-
gabile di donne e uomini che si facciano carico del silenzio, ma le forme tradizionali forse non corrispondono piú
ai tempi. I monasteri, a parte l'eccezione di antiche comunità e di alcune esperienze sorte negli ultimi decenni,
sono in crisi; si stanno svuotando.

– C'è un collegamento col fenomeno dei nuovi eremiti,
compresi quelli di città?

– Sí, certo. L'ho verificato durante gli incontri fra eremite.

– Incontri fra eremite? Di cosa si tratta?

– A partire dal 2004 le eremite dell'Eremo del Cantico, vicino a Camaldoli, hanno dato vita a un Convegno sulla vita eremitica. Sono giunte eremite e solitarie provenienti da varie regioni d'Italia per confrontarsi e riflettere insieme su questa particolare vocazione. Dopo alcuni anni il convegno si è tenuto anche in altre sedi. La vita eremitica costituisce il germe del monachesimo e fin dalle origini, in Egitto e in Siria, si è caratterizzata come esperienza al cui centro sta la ricerca del deserto e della solitudine. Dall'Oriente si diffuse in Occidente dove si cercò subito di inquadrarla giuridicamente, ma l'esperienza dello Spirito non può rimanere soffocata sotto il peso delle strutture.

– C'è da dire che pur rappresentando il cuore nascosto della Chiesa, è sempre stata percepita come scomoda e un po' pericolosa da parte delle gerarchie. Per alcuni secoli è stata addirittura abolita.

– La ricerca di silenzio e solitudine accompagna l'intera storia della Chiesa, riemergendo con forza nei periodi di maggiore affievolimento spirituale. Negli incontri cerco sempre di valorizzare la solitudine, in cui intravedo un segno dei tempi, come se lo Spirito cercasse di farsi sentire in questo modo. Non soltanto chi vive da solo, ma anche chi vive in coppia, in famiglia, spesso soffre di solitudine. È il segno evidente di un'intima urgenza che chiama a mettersi di fronte a sé stessi. Inquietudine, angoscia, derivano dalla paura che scaturisce dal vuoto interiore. La solitudine può diventare l'occasione propizia. Nel silenzio avviene l'incontro con la parte profonda. Solo allora quella solitudine angosciante, vissuta come fallimento, cambia aspetto, diviene una «solitudine abitata». Il periodo in cui viviamo richiede esperienze di purificazione, di ascesi, naturalmente secondo modalità nuove. Come al tempo della crisi dell'Impero romano i cristiani sentirono il richiamo verso la solitudine dei deserti, oggi molte persone avvertono il richiamo verso il silenzio, verso la spiritualità. Sta affiorando un nuovo monachesimo da vivere nella libertà dello Spirito, nelle città, nelle nostre case, cercando il contatto con l'interiorità e insieme mantenendo una presenza nel mondo.

– Tu hai qualche progetto in proposito?

– Da molto tempo penso a una vecchia canonica nel verde dove poter ospitare persone che desiderino trascorrere alcuni giorni di silenzio senza essere disturbate. Accogliere nel calore umano, ascoltare, offrire un cibo semplice, condividere amicizia e preghiera. Non una comunità rigida, che riproduca le solite dinamiche, ma una realtà in movimento, in cui sia possibile vivere in comunione di spirito con chi viene e con chi va, ricordando che siamo innanzitutto pellegrini sulla terra. Questo richiede lavoro interiore, solitudine, coscienza. Solo dove si pone al centro il piano verticale, cioè la relazione con Dio, si armonizza il piano orizzontale, cioè la relazione con i fratelli e le sorelle che incontriamo sulla nostra strada nella piena libertà, nel pieno rispetto.

– Sarebbe molto bello. Una dimensione insomma in cui mettere in pratica la vita cristiana! Rimanda proprio alla pustinia.

– Sí, certo, ma mentre nell'Oriente cristiano c'è una millenaria tradizione, in Occidente non è cosí. Queste nuove forme di spiritualità non istituzionalizzate avrebbero bisogno di essere riconosciute. La Chiesa dovrebbe cominciare ad accettare che si possono vivere silenzio, preghiera e solitudine nella libertà dello Spirito. Anche oggi siamo alle soglie della crisi di un impero. Non si può continuare a stare seduti tranquilli sul treno del tempo che ci porta verso il precipizio. Chi è piú sensibile è spinto a prenderne coscienza. L'essenza del monachesimo è un desiderio di assoluto. Non richiede solo distacco dal mondo e dai beni terreni. Il monaco lotta con le potenze psichiche e spirituali radicate dentro sé stesso. Gli antichi padri del deserto le raffiguravano nei sette vizi capitali: superbia, invidia, lussuria, gola, ira, avarizia e accidia. Nessuno parla piú questo linguaggio, simbolicamente molto efficace. I vizi oggi li chiamiamo dipendenze, di fatto sono forme di schiavitú interiore dentro le quali siamo imprigionati. Per liberarsi da queste catene non basta una terapia psicologica. L'anima deve aprirsi allo Spirito. Liberarsi da tutte le false identificazioni, lasciare andare attaccamenti, dipendenze, ingannevoli illusioni. Come una mongolfiera, piú lascia cadere la zavorra piú s'innalza, allo stesso modo l'anima, piú si lascia attrarre dalla luce dello Spirito, piú si spoglia da tutte le maschere. Il solitario, affidandosi a quest'azione purificatrice, apre canali di luce nelle oscurità del mondo. Vivere il «solo a Solo» richiede i suoi tempi. È una relazione d'amore. Non servono troppe organizzazioni, ma la fede nell'azione dello Spirito Santo che è amore.

– Quello che dici mi ricorda quanto afferma Catherine Doherty nel suo libro: «La solitudine del pustinik ha dimensioni salvifiche e cosmiche. È questo il suo contributo. [...] Quando è appeso alla croce della sua solitudine, la guarigione emana da lui come dei raggi; come i raggi del sole essa penetra la terra»[3].

– Il passaggio obbligato, la vera vertigine, è l'attraversamento del vuoto. All'inizio può spaesare. Si sprofonda,

---

[3] Doherty, *Pustinia: le comunità del deserto oggi* cit., p. 80.

non ci sono piú appigli. Si va a fondo. Lí però ci si ferma, non si cerca piú niente. Si sente di essere veramente arrivati, si è perso tutto: è come morire. L'impatto col fondo dà la connessione con l'interiorità. Solo attraversando il vuoto si scopre la vera pienezza. Non c'è piú distanza fra il nostro essere superficiale e quello profondo. Una goccia d'acqua nell'acqua è libera e allo stesso tempo legata da vincolo di appartenenza al proprio elemento. La pienezza fa scomparire la distanza, fa comprendere che il vuoto non c'è, che quanto consideravano nulla è l'essere che vibra. Vibra di amore. C'è solo da aprirsi. Il tocco dello Spirito arriva sempre in modo misterioso, sorprendente. Bisogna accettare di farsi sorprendere. La vera beatitudine non chiede, non desidera, non cerca: riceve affidandosi. Stando lí, lasciandosi attraversare, gustando quell'intima pienezza, cade la domanda, cade la ricerca, cade l'inquietudine provocata dalla mancanza. Rimane una pace beata. *Shalom*, in ebraico, significa «pienezza», non manca piú nulla.

– Il vuoto inquieta, è lo spettro che sta alla base di ogni paura, perché è cosí necessario per la liberazione?

– Finché il vuoto ci fa paura significa che continuiamo a rimanere attaccati a qualcosa. Non possiamo spiccare il volo. L'attraversamento del vuoto porta un senso di levità, libera dalla forza di gravità che tira giú. Lo stato di grazia fa percepire una sorta di sospensione. Dove tutto è connesso, piú niente cade. Lo «stato di grazia» libera dallo «stato di caduta». La vena di ogni nutrimento resta aperta, ogni creatura vi attinge senza paura, affidandosi riceve quanto le è necessario. Quando si risale dal fondo cambia la relazione con il mondo. Non abbiamo piú bisogno di piacere, di elemosinare consensi, di gratificarci con le cose. La pienezza interiore fa gustare ogni attimo, svincola dai giochi di potere. La solitudine diviene il centro di una presenza che chiede tutto.

16.

Oggi è proprio una giornata primaverile, a Firenze c'è
una luce meravigliosa. Appena entro in casa Antonella mi
dice: – Paolo, vieni a vedere che spettacolo!

Mi accompagna alle finestre sul retro. Il glicine è esplo-
so. Arrampicato su un altissimo cipresso che oltrepassa
le case, forma un corpo compatto di colore. E in basso si
dirama dappertutto avvolgendosi su alberi e pergolati. Il
profumo ci inonda.

Vista la bella giornata Antonella mi propone di fare una
passeggiata al giardino di Boboli: – Quando ho bisogno di
stare un po' nella natura senza allontanarmi, vado lí. Anche questa è una bella opportunità.

Acconsento volentieri. Non ci sono mai stato. Scendiamo le scale. In pochi minuti siamo al cancello di via
Romana. L'ingresso principale è da piazza Pitti, dove per
entrare c'è sempre una lunga fila di turisti.

Boboli è un tipico giardino all'italiana, dalle incantevoli
geometrie. Costituisce il parco di palazzo Pitti, la monumentale residenza granducale. A Boboli si ispirò Caterina
de' Medici, regina di Francia, per Versailles. Percorriamo
ampi viali con pareti di alloro, sentieri ombrosi che taglia-
no boschetti di lecci e cipressi. Incontriamo laghetti, fon-
tane, attraversiamo prati. Le statue occhieggiano ovunque
tra i chiaroscuri.

Parliamo del piú e del meno, ma nella mia mente c'è un

pensiero che martella. Continuo a chiedermi in cosa consista questo impatto con la luce di cui spesso Antonella mi parla. Capisco che è in relazione con la verità, non solo quella ultima, ma anche la verità di noi stessi, quella che ognuno cerca di nascondersi. Mi viene in mente il Prologo di Giovanni: «La luce splende nelle tenebre, ma le tenebre non l'hanno accolta». Mentre passeggiamo provo a porle qualche domanda.

– Puoi parlarmi del rapporto con la luce? Spiegarmi meglio cosa intendi, cosa significa in concreto per te?

Lei si ferma un attimo. Stiamo attraversando una galleria di roseti. Scorgiamo delle panchine di pietra, ci sediamo.

– Ti rispondo con una citazione biblica, un passo della *Genesi*. «Il Signore Dio chiamò l'uomo e gli disse: "Dove sei?" Rispose: "Ho udito il tuo passo nel giardino: ho avuto paura, perché sono nudo, e mi sono nascosto"». Ecco, questi versetti esprimono in maniera straordinaria la vicenda umana. La nudità allude a quello che c'è nell'intimo, nel cuore. L'essere umano ha bisogno di nascondersi perché non è in buona relazione con sé stesso. Sa di avere delle parti oscure dentro di sé e si crea continuamente l'illusione di essere quello che non è. Ha paura delle proprie azioni, non si accetta. Le tenebre non accolgono la luce, come afferma il prologo di Giovanni, perché l'oscurità serve a mantenere questo nascondimento. Entrare nel silenzio significa innanzitutto farsi smascherare. Accettare di vedere chi siamo e lasciarsi amare dall'amore, farci sanare. Lo spirito di verità, come lo chiama l'evangelista Giovanni, libera dal male che è inganno, falsità, oscurità.

Guardo le statue nascoste tra i fogliami. Si intravedono appena. Se rimangono in ombra quasi scompaiono, se il sole le illumina appaiono bene in vista. Niente sfugge allo sguardo della luce.

Antonella continua: – Se cesso di nascondermi, non ho paura della luce, mi immergo nel suo abbraccio che è come un manto. È acqua, ma non scivola sul corpo, penetra. È fuoco, ma non brucia, avvolge in un calore che ristora. Penetrando, rigenerando, scova le parti oscure che, appena si sentono toccare, reagiscono perché non vogliono farsi vedere. Questo movimento interiore, seppure in certi momenti doloroso, rimane pur sempre dolce e soave, possibile, perché la luce, mentre avvolge e scava, consola di una consolazione amorosa come quella di una madre che stringe il bambino al seno e lo calma. Nell'abbraccio della madre il bambino si abbandona e rimane tranquillo, colmo di tutto, qualunque cosa accada.

Come recita il salmo 130, penso: «Io sono tranquillo e sereno come bimbo svezzato in braccio a sua madre, come un bimbo svezzato è l'anima mia».

Ci alziamo, riprendiamo il discorso camminando lentamente. Costeggiamo sul retro le ali di palazzo Pitti fino alle colossali pareti del corpo centrale. Attraversiamo l'anfiteatro, quindi cominciamo a salire. Antonella parla muovendosi leggera nella bellezza di quei luoghi a lei familiari.

– L'affidarsi quieta il bambino fino all'ultimo tremore. Lo avvolge il misterioso calore dell'amore che emana dalla madre. Cosí l'anima sta quieta nell'abbraccio dello Spirito Santo consolatore. Questo abbraccio penetrante fa conoscere profonde soglie, che si aprono via via che la luce avanza come fossero tende di un palcoscenico. Tutte le soglie delle regioni oscure affiorano velo dietro velo fino alle loro radici intessute nella sostanza pura che, quasi sospinta, sale dal fondo verso la superficie. È come una

corrente ferma, la sua velocità è assoluta. Rimane sempre
lí, mentre si espande. È la risorsa profonda, il pozzo, la
riserva che custodisce tutti i tesori. Resta sempre concen-
trata in un punto, ma insieme si distende in tutto quello
che crea. Potenza che si fa atto. Sta ferma e si muove. È
remota e manifesta. Quando la luce assimila in sé, è il riposo assoluto. In quell'attimo tutto ritorna puro. È il punto
in cui tutto si raccoglie e tace. Il silenzio estatico giunge
da lí. Resta per sempre. L'amore allora conosce sé stesso e
si radica per continuare a espandersi. Questa è la visione
che si spalanca per tutte quelle anime che, già nell'oltre,
oppure ancora di qua, si aprono alla luce dello Spirito e co-
minciano a vedere. La verità è avvolta di mille e mille veli,
ognuno nasconde una trama, ma la luce li spalanca tutti.

Siamo arrivati sulla cima del colle. Nel prato svetta un
possente cedro del Libano. Ci affacciamo al belvedere. Il
panorama è sublime. La interrompo.

– Queste visioni un poco sconcertano, ma aprono, sti-
molano la percezione. Però vorrei capire meglio cosa intendi parlando di soglie e livelli.

– La vita interiore, come bene la descrive Teresa d'Avi-
la nel suo *Castello interiore*, è paragonabile a un edificio
formato da tantissime stanze. Ogni stanza è una soglia.
Quando si apre rivela una nuova dimensione, come se cadesse un velo. In realtà vuol dire che si è risvegliato un
nuovo livello di percezione, un differente punto di vista.
La realtà è sempre la stessa, ma piú si affina la capacità
di percezione, piú si disvela ai nostri occhi. La stratifica-
zione è infinita. Non c'è limite alla profondità, all'altez-
za, alla lunghezza. Ogni misura può dilatarsi all'infinito.
Quello che però non cambia è la relazione tra i rapporti.
L'armonia che scaturisce dall'amore è intrinseca al visibile
e all'invisibile. Le stesse geometrie pervadono ogni fram-

mento. I sensi generalmente percepiscono basse frequenze, lunghezze d'onda contenute entro certi limitati parametri, al di là è come se ci fosse il buio, come se gli occhi fossero chiusi e incapaci di vedere. Penetrare il buio dei sensi è accedere oltre porte chiuse che però sono aperte.

– Dunque piú si dilatano i sensi, piú si sviluppa la percezione. Le chiusure, i nostri egoismi fanno da barriera, ci impediscono di sentire che tutto è unito, che è in connessione?

– Dalla luce increata e creatrice fino alla luce creata ci sono infinite soglie. Gradini su gradini attraverso cui la creazione si dispiega. Viene in mente la scala di Elia su cui salgono e scendono gli angeli. Ogni soglia, ogni scalino è un mondo, uno stato. Da una soglia a un'altra c'è un salto di qualità che richiede il passaggio da una lunghezza d'onda a un'altra. Come l'acqua che è ghiaccio, poi diventa liquido e da liquido vapore. C'è un continuum della medesima sostanza, anche se cambia lo stato. Quello che non si vede e che nessuno strumento può percepire, pur sempre c'è. Ad esempio il sistema solare non è formato solo dalla stella, dai pianeti e dai satelliti, ma da un infinito fluire di vibrazioni di onde impercettibili che dànno l'illusione di uno spazio vuoto. Il vuoto in realtà è pieno e non esiste distanza. Tutto è intessuto in un fluire continuo di luce, tenuto compatto come in un oceano. Del resto anche l'aria sembra uno spazio vuoto, ma sappiamo bene che c'è.

Riprendiamo a camminare. Neppure a farlo apposta ci troviamo davanti una scalinata. Scendiamo fino al laghetto nel cui centro sorge la fontana di Nettuno. Antonella mi dice: – Il sistema solare è come un oceano di luce in parte visibile, o almeno percepibile da sofisticati strumenti, ma per lo piú impenetrabile e remoto. Energia oscura, la chiama la fisica. L'irradiazione luminosa che emana dal sole tiene tutto unito in un'orbita maestosa che costituisce l'intero sistema. Come ci sono soglie nei mondi visibili, ci sono soglie nei mondi spirituali. Anche le parti pesanti sono strutturate nello stesso modo. Energia aggregata sempre piú densa e pesante. Viene quasi in mente la visione medievale: i gironi del mondo dantesco esprimono bene questi stati e livelli; non sono fra loro completamente separati, bensí in stretta continuità. Ogni stato è un'orbita che ha un proprio centro di tenuta, ma quanto è dentro non è dissimile da quello che è fuori per sostanza, ma solo per frequenza. C'è un continuum.

Ascolto come catturato. Non immaginavo di trovarmi a parlare di certe cose. Lei continua, come presa da un'ispirazione.

– Mondi materiali, mondi spirituali. Mondi esteriori, mondi interiori. Mondi visibili, mondi invisibili. Non dipendono da differenti nature o sostanze, ma dal grado di potenza dei sensi che possono percepirli. Nella creazione tutto è sempre tale e quale è, ma viene alla luce rendendosi visibile. Entrare in questa visione è come accendere la luce dove prima era buio. Ciò che resta buio non è che non ci sia, non c'è per l'occhio che non lo vede. Del resto molecole e cellule ci sono sempre state anche quando non c'era il microscopio e nessuno le vedeva.

Dopo un largo viale in discesa, il cosiddetto «viottolone», ci troviamo presso un altro laghetto, una specie di vasca circolare con al centro un isolotto e una fontana, collegato alla terraferma da due passerelle di pietra ornate di agrumi. Facciamo il giro della vasca. I pesci rossi guizzano nell'acqua. Scorgiamo un grosso airone cenerino immobile su una zampa. Anche lui è assorto, pare interessato ad ascoltare. Ci sediamo di nuovo su una panchina in pieno sole. Riprendo la parola.

– Va bene, ma cosa cerchi di dimostrare con questo? Cosa cerchi di dire?

– Che come ci sono i mondi infinitesimi, che solo ora la meccanica quantistica ha imparato a conoscere, ugualmente ci sono i mondi spirituali sebbene nessuno li veda. Ogni essere umano è posizionato al livello al quale interiormente appartiene. Questa è la verità dalla quale bisogna partire per risalire la scala. Se uno crede di essere già in alto e invece è molto piú in basso, vive in un'illusione che prima o poi la luce della verità smaschererà. Dalla verità non si può fuggire a meno di non ostinarsi a volere restare nel buio. L'inferno sordo e muto è già qui sulla terra, dentro i cuori che vogliono restare chiusi alla luce, identificati con l'ingannevole idea che si sono fatti di sé stessi e che da quell'idea non si spostano. L'oscurità si fa sempre piú fitta perché si aggiunge menzogna su menzogna, ossia strato su strato, cosicché la luce si allontana.

– Ora capisco. L'immagine rende bene l'idea anche se non è per niente confortante. Tu sei cosí sicura di quello che dici. In fondo questa visione sembra davvero una reminiscenza medievale. L'uomo civile si è ormai emancipato da un certo oscurantismo. Pure in ambito cattolico la maggior parte dei preti, dei monaci e dei prelati non crede all'inferno. Dove va a finire cosí l'infinita misericordia di Dio di cui parli sempre?

– Già, sapevo che saremmo arrivati a questa domanda. La misericordia divina, l'incondizionato amore di Dio, si fonda sulla libertà, non può forzare. Dio non può obbligare nessuno ad accogliere il suo amore. Gesú ama fino al dono totale, ma l'aspetto piú doloroso della sua passione è sentire che il suo amore non è accolto. Per questo finisce sulla croce e ancora è lí in tutti coloro che sono stati e continuano a essere crocifissi dalla cecità della storia. Accogliere l'amore è accettare di farsi guardare proprio in quello che di noi stessi giudichiamo inguardabile, in ciò che i nostri occhi si rifiutano categoricamente di vedere. Pensa a Pietro che incontra lo sguardo amorevole di Gesú proprio mentre lo rinnega. Si lascia guardare e piange. Accetta di riconoscere il proprio limite, la propria paura, tutto quello che di sé stesso piú lo rattrista. Giuda, invece, non si lascia guardare. Fugge davanti a sé stesso. Ma è un fuggire vano, perché di fronte alla verità alla fine rimane solo la possibilità del buio. Giuda rappresenta il punto di arrivo di Caino, l'anima in fuga che erra e si nasconde. La misericordia divina qui niente può, non in senso assoluto, ma in senso relativo. Ci sarà prima o poi per tutti un tempo di cedimento e risveglio. Ogni inferno prima o poi si aprirà, perché Dio è Uno e tutto gli appartiene, ma è anche Trino, eterno movimento di amore che mai cessa di amare.

Per un po' restiamo in silenzio, poi riprendiamo a camminare. Superata la vasca troviamo il prato a forma di emiciclo. Nei due centri, grandi colonne sfiorano in alto i rami dei platani. Torniamo indietro, costeggiamo la limonaia e ci avviamo verso l'uscita.

17

Rientrati in casa un po' stanchi, ci sediamo al tavolo della cucina per bere qualcosa. La mia mente, ancora eccitata, continua a interrogarsi. Devo saperne di piú su quanto le è accaduto, su ciò che l'ha portata a intravedere queste soglie, come le chiama lei. Che cosa si impone in modo cosí radicale da permettere di compiere il salto, in un certo senso di spiccare il volo dal buio verso la luce.

– Cosa ti ha spinto ad andare avanti, a varcare queste soglie? – le chiedo.

– Tornare alla creatura che sempre vive nel profondo e porta in sé il soffio dello Spirito divino. La realtà creaturale conserva la purezza dello sguardo in cui la luce può imprimersi. La coscienza ha necessità dell'innocenza per illuminarsi. La creatura è il neo-nato tremante che viene dall'origine e conosce. Il suo occhio terso risveglia chi lo guarda alla luce invisibile di cui è impregnato e a cui fa da canale. È struggente, intenerisce, spoglia come lo sguardo del moribondo, già quasi chiuso alla luce del giorno ma sensibile alla luce dello Spirito che lo avvolge e che egli comincia a sentire abbeverandosi di un altro cielo. Agli estremi del tempo e dello spazio l'oltre aleggia conosciuto, si rende percepibile ai sensi interiori già pronti, allertati.

Antonella si alza dalla sedia. Porta sul tavolo una brocca di vetro da cui traspare il rosso corposo di una bevanda. Prende dalla vetrinetta due tazze bianche di porcellana,

vi mette una scorza di limone e versa la tisana già fredda:
– È estiva, piú dissetante, – mi dice, – l'ho preparata apposta questa mattina.

Apre il frigo, estrae una coppetta colma di fragoline di
bosco e le mette sul tavolo. Poi si risiede.

Io riprendo il discorso: – Cosa accade quando ci avvici-
niamo a questi estremi? Il tempo può sfiorare l'eternità?

Antonella sorseggia lentamente la tisana al sapore di
frutti di bosco, assaggia una fragolina rimanendo qualche
momento silenziosa, poi risponde come riportando alla luce lontani ricordi ben incisi.

– Quando, nel tempo, ci accade di toccare uno di questi
estremi perché nasce o muore qualcuno a noi molto vicino,
la traccia dell'intangibile si risveglia perché sempre viva
nella memoria, anche se assopita e come addormentata.
Nello stato di veglia in cui si dispiegano i nostri giorni af-
fannati, presi da tutte le preoccupazioni, insoddisfazioni,
paure, brame, i sensi interiori sono come anestetizzati. Si
ritirano nel profondo della memoria, cosí come una tar-
taruga si ritira nel guscio quando avverte un rumore o un
pericolo. Ci lasciano indisturbati nella nostra corsa per-
mettendoci di bruciare tempo e risorse, spesso girando a
vuoto, come sopra una giostra che crediamo di pilotare,
ma che in realtà gira di moto proprio. Quando la nostra
interiorità è assopita prendono campo altre forze. La parte
psichica dell'anima, sempre rivolta verso l'esterno, si lascia
attrarre da infinite seduzioni. Rincorre tutte le correnti.
Cerca di salire sul primo treno che passa. Piú asseconda
la brama che la muove, piú è trascinata, portata di qua e
di là, restando sempre piú vuota e insaziata.

– Mi chiedo però perché non ci pensiamo mai? Perché
continuiamo a girare a vuoto quasi il vortice che ci prende fosse una forza inesorabile?

– Lo spirito del mondo, come l'evangelista Giovanni chiama la forza contraria all'ordine divino che si oppone a Cristo, raccoglie e governa tutte queste insaziabili brame e seduzioni con illusioni e inganni perché fonda il proprio potere sul tempo e sullo spazio, che si esauriscono. L'idolatria governa il mondo costruito dagli uomini attraverso false luci e richiami simili a quelli che portano le allodole dritte dritte davanti ai cacciatori. Ma c'è una parte dell'anima sempre rivolta verso l'interno, verso lo Spirito. Questa, aspirando all'infinito/eterno, diviene il cardine profondo che dà la tenuta. Se l'anima non è ben radicata nello spirito di verità, rischia di disperdersi o addirittura di frantumarsi. Lo dimostrano le crescenti patologie psichiche del nostro tempo. Il contatto con i margini estremi della vita porta su soglie chiuse che però a volte, per attimi, si dischiudono o per lo meno si lasciano intravedere.

– Mi sembra di capire che a te sia accaduto.

– Durante la mia malattia, quando poco piú che ventenne ho sentito passare la morte e la vedevo di fronte a me, nemica e oscura. Questa era la verità che non volevo conoscere. L'impenetrabile causa della mia angoscia era lo spettro di uno sbarramento che mi separava dalla fonte della vita. Dentro di me la memoria della luce era come sprofondata. Cominciai a percepire di essere davanti a una porta chiusa. L'immagine affiorava evocando storie remote. I viaggi alla ricerca delle radici mi avevano spinto a varcare antichi portali di pietra custodi dello spazio sacro. I templi dell'Egitto e della Grecia erano arcaici segni di dolorose memorie dell'impossibile. Sí, l'impossibile era sempre davanti ai miei occhi. Dopo la scoperta del silenzio, però, smisi di fuggire. Cominciai a aderire con tutta l'anima a quella dolorosa verità. La nostalgia delle radici aveva fatto riemergere in me la memoria del divino, e insieme mi aveva messo davanti tutte le mie chiusure. Me le faceva sentire. Da quel momento entrai dentro il mio purgatorio, dentro la mia nuda verità. Stavo posizionandomi sul mio scalino, nel punto preciso in cui ero. Compresi che non era importante andare in Grecia, in Egitto o a Gerusalemme per ritrovare le antiche radici. Bastava rimanere lí, dove era la mia verità profonda. Ero davanti a una porta chiusa. Sapevo che non potevo piú scappare di lí. Stavo come una mendicante davanti alla porta di una città straniera che rimane sbarrata. Stavo lí anelando uno spicciolo, una briciola di una dimensione ancora a me inaccessibile.

– Quindi quello «stare», come tu dici, iniziò dalla consapevolezza di una realtà inaccessibile. Se però la sentivi inaccessibile, forse già la percepivi –. Mi vengono alla mente le parole di sant'Agostino: «Non ti cercherei se non ti avessi già trovato».

– Sí, certo, l'anima di sicuro la percepiva; era assetata, bruciava. Il muro era imponente. Io sempre piú piccola. C'era uno sbarramento, ma attraverso il silenzio potevo accettare di sentirlo soffrendone tutto il dolore. Stavo lí, in pieno abbandono. Non ero consapevole che quella fosse meditazione. Stavo semplicemente in contatto con la mia verità. Stavo e basta. Il mio qui e ora era stare lí, davanti a quella muraglia chiusa. Il dolore era grande, ma vivibile. Questa era la novità: nel silenzio l'impossibile diveniva possibile. Tutto si ricongiungeva, anche quel mondo inaccessibile. Sentivo che c'era, che agiva, che diveniva presente. Mi portava sul fondo, denudandomi di ogni illusione, di ogni mascheramento. Ora lo so: il muro della morte era il buio della mente e del cuore chiusi alla luce.

– Soglie, luce, verità... Come tu dici, di velo in velo. La liberazione, la guarigione che purifica, insieme rivela, apre le soglie di mondi invisibili.

– Sí, caro Paolo, proprio cosí. Sprazzi di luce mi attraversavano come fulmini nella notte, squarciavano le mie tenebre. Si spalancavano panorami a tinte forti, apocalittici, rivelativi. Quando anche il piú tenue raggio di quella luce invisibile raggiunge la coscienza, procura un terremoto interiore. Tutte le precedenti costruzioni crollano, le macerie si mostrano ovunque. Lo spaesamento fa ricercare quel tremulo raggio come l'unico bene. Tutto diviene secondario rispetto al bagliore che si accende. La muraglia crollava, si aprivano orizzonti. Erano attimi, come di chi fosse portato sulla cima del mondo e vedesse il distendersi infinito della creazione. Lasciavano un'impronta indelebile, un sapore inconfondibile, diverso da qualunque altro. Conferivano una forza mai conosciuta prima: il coraggio di vivere. Cosí si aprono gli inferni.

– Il racconto dal vivo rende tutto piú comprensibile. Ti prego di continuare.

– Non è stato facile. Il nuovo che nasceva in me si scontrava con il vecchio. C'era una lotta fra me e me. La parte che aveva ceduto si abbandonava, l'altra resisteva. Silenzio, solitudine, sono coordinate necessarie per sostenere il conflitto interiore. La beatitudine che scaturisce dal contatto con i piani profondi, allo stesso tempo scardina i piani superficiali provocando sofferenza. Una sofferenza vivibile però. Il nascondimento mi proteggeva, mi permetteva di non disperdere niente. Il pudore era immenso, fermo, stabile.

Dentro di me si era creata una frattura. Percepivo in modo chiaro due diversi registri, due diversi livelli di vita ai quali potevo accedere. Quello di prima, con le sue sicurezze, i suoi schemi, e un altro sfuggente, imprendibile. La mente si ribellava, non voleva cedere. Un dubbio tormentoso mi portava continuamente a pensare di aver sognato. Nessuno poteva darmi certezza di quei piani che s'erano affacciati alla memoria. Una parte di me si affidava senza riserve, un'altra teneva testa, combatteva. Era difficile parlarne. Potevo solo custodire tutto attraverso il silenzio. Cosí ho fatto, come sai, per lunghissimi anni.

Sono in treno, sto tornando a Roma. Qualcosa mi inquieta. Guardo fuori. Le campagne verdi corrono veloci. Penso: «Su quale scalino sono posizionato io?» Avverto un po' d'angoscia. Cerco di quietarmi, quasi mi appisolo. Infine mi lascio portare senza piú pensare a niente.

18.

Oggi, appena giunto a Firenze, decido di passare da Santa Lucia sul Prato, la parrocchia dove Antonella, da diversi anni, tiene incontri di meditazione e silenzio. Non sono mai riuscito a parteciparvi e mi incuriosiva vedere almeno il luogo.

È proprio dietro la stazione di Santa Maria Novella; ci arrivo in pochi minuti. Entro nella chiesa che sono appena le nove del mattino. L'antica struttura a forma di croce con altare centrale e due cappelle laterali è sostenuta da sobrie arcate di pietra. Sulla parete di sinistra mi colpisce un tipico affresco medievale dell'Annunciazione. Mi avvicino alla porta della sagrestia, è aperta. Un'anziana signora sta parlottando con un uomo dall'aspetto giovanile. Capelli castani mossi, barbetta incolta, maglietta e jeans. Dalla descrizione fatta da Antonella, penso subito a don Paolo, il sacerdote suo amico che, in qualche modo, le ha aperto la strada proponendole di tenere alcuni incontri. È discreto, silenzioso: ascolta. Non ha proprio niente di clericale.

Mi allontano e mi siedo un momento su una panca. Nella cappella di destra sbalugina qualche lumino acceso davanti all'immagine di santa Lucia. L'ambiente è raccolto, le linee essenziali. Mi sento a mio agio, in pace. Dopo alcuni minuti esco, percorro una larga strada costeggiata da signorili palazzi ottocenteschi e m'incammino sul Lungarno fino a ponte Santa Trinita, per ritrovare il percorso che faccio sempre quando vado da Antonella.

Al mio arrivo le racconto di Santa Lucia, della persona intravista in sagrestia. Dalla descrizione che le faccio non ha dubbi, era proprio don Paolo. Comincia a parlarmi degli incontri di quest'anno sul tema della risurrezione. In genere se ne parla poco, per lei invece è un argomento ricorrente. A bruciapelo le chiedo: – Vediamo se riesci a dirmi in poche parole qualcosa di semplice sulla risurrezione della carne! È un dogma di fede un po' difficile da accettare.

– Il cristianesimo non parla d'immortalità dell'anima, ma di risurrezione della carne. Ho sentito l'urgenza di affrontare questo tema dopo un'intuizione semplice che mi ha folgorata. La risurrezione della carne avviene qui sulla terra, trasformando la realtà di tutti i giorni. È il segno della rinascita che investe coloro che accettano il battesimo di fuoco, cioè che si aprono all'azione dello Spirito Santo. Il battesimo imprime un germe di nuova vita che agisce nel profondo, trasformando lentamente la vita terrena in vita eterna. Ho dato come titolo agli incontri: «Risurrezione in atto. La vita eterna nel qui e ora dei giorni». Risurrezione della carne significa partecipare qui e ora della divina umanità del Cristo. Chi si lascia toccare dal suo amore comincia a risorgere a nuova vita proprio durante il tempo.

– È la prima volta che sento una spiegazione di questo genere.

– La risurrezione di Cristo è un evento cosmico, una rivoluzione copernicana. Segna il passaggio a un altro livello di vita, allo stato più avanzato della creazione. Ai vari regni che conosciamo, dal regno minerale a quello umano, si aggiunge il regno dei cieli.

– Qui ti seguo un po' meno... Certe connessioni mi disorientano. Spiegati meglio.

– La risurrezione dà inizio all'ottavo giorno, ma il sesto giorno, cioè il tempo durante il quale Dio crea l'uomo, non si è ancora esaurito perché la pienezza raggiunta in Gesú Cristo deve compiersi in ogni essere umano. L'ottavo giorno è una realtà dinamica, dà inizio a un nuovo ciclo creativo in cui il ciclo precedente viene trasformato, portato a un livello superiore. Richiede, come condizione imprescindibile, la conversione dello sguardo. Credere alla risurrezione implica che la mente cessi di identificarsi con lo spazio/tempo per aprirsi all'infinito/eterno. Cambiano tutte le coordinate della percezione.

– Oltre a disorientarmi ora mi confondi...

– Ma come? «Questa è la nostra fede», afferma san Paolo... Credere alla risurrezione è partecipare qui e ora della vita eterna. La parte profonda dell'anima comincia a percepire la vita divina, si spinge oltre i limiti spazio-temporali. L'eterno non è un tempo che non finisce mai, come ci immaginiamo, è un'intensità di amore radicata nell'origine divina che non perde mai memoria di sé stessa.

– Sí, questa è la nostra fede. Credere alla risurrezione allora significa viverla.

– Significa parteciparla nella vita incarnata. Gesú, l'Uomo nuovo, è il risorto non solo dopo la passione e la morte, ma durante tutta la sua vita terrena. Lo dimostra la trasfigurazione sul monte Tabor, quando gli occhi degli apostoli si aprono e vedono Gesú tutto luminoso come lo vede la coscienza divina. Nei Vangeli sinottici, inoltre, viene sempre associata la risurrezione con la Galilea: «Dopo la mia risurrezione, vi precederò in Galilea». Gesú in realtà appare alle donne al sepolcro, agli apostoli nel cenacolo, quindi a Gerusalemme. La Galilea rappresenta il luogo in cui il regno dei cieli comincia a germinare sulla terra perché è lí che Gesú si manifesta al mondo, rivela la sua divina umanità. Lí i discepoli sono toccati dal suo amore, vivono con lui una realtà nuova ancora sconosciuta. Con Gesú, umanità e divinità non sono piú separate. La natura umana, a contatto con la divina umanità del Cristo, viene santificata, divinizzata. Ha origine una nuova creazione in cui tutto è ricapitolato nell'amore.

– La risurrezione l'ho sempre sentita distante, come se ancora non mi riguardasse. Be', sono contento di avvicinarmi un po'...

– Fra finito e infinito non c'è separazione, ma un continuum che prevede determinati passaggi. Il Vangelo chiede la disponibilità di un salto quantico. Cambiare mente significa oltrepassare l'abisso delle divisioni, aprirsi al salto quantico della risurrezione. Cade ogni separazione materia/spirito, anima/corpo, finito/infinito e affiora un nuovo sguardo capace di percepire la connessione fra tutte le cose. Ragione e fede, pensiero scientifico e spiritualità dovranno tornare a convergere.

– La risurrezione, allora, è un punto di convergenza?

– Esatto, proprio quello che cercavo di dire. La risurrezione è una realtà luminosa in cui tutto converge nell'unità dell'amore. Ogni salto quantico richiede grandi assestamenti psichici e spirituali. Quanto tempo sarà stato necessario alla psiche per elaborare la rivoluzione copernicana? Sono trascorsi cento anni dalla scoperta della teoria della relatività generale di Einstein, ma quanto è stata elaborata e assunta dalla coscienza? Quante energie richiederà questo salto quantico? Psichicamente l'essere umano è sempre connesso alla massa, al peso, alla forma spazio-temporale. La meccanica quantistica e la teoria della relatività, in estrema sintesi, implicano una concezione della realtà in cui tutto è dinamico e in connessione. Questa è ormai la chiave indispensabile per affrontare il nostro tempo e le sue contraddizioni irreversibili. Le soluzioni sono lí a portata di mano, ma non riusciamo a vederle perché il nostro occhio è offuscato.

– Mi rimane difficile il collegamento con la meccanica quantistica.

– Ogni realtà non è fine a sé stessa, bensí relativa a tutte le altre, incluse quelle invisibili. La meccanica quantistica è un aiuto per percepire le connessioni dei piani profondi, delle realtà sottili, infinitesime, per comprenderne andamento e continuità. Allo stesso tempo, in quanto tocca straordinarie potenzialità, costituisce un immenso pericolo se non sostenuta dalla coscienza e dal piano spirituale. Scienza e spiritualità non possono non andare insieme. Per esempio la bomba atomica, con il suo fungo di luce oscura, a livello spirituale rappresenta il piú clamoroso abuso di potere dell'umanità nei confronti della potenza creatrice. La risurrezione, al contrario, è emanazione luminosa in atto, rivelativa, che effonde energia creatrice. Anche la scienza ne è illuminata, seppure in modo inconsapevole. Dopo l'Illuminismo la separazione fra ragione e fede è divenuta sempre piú marcata. Si è dimenticato che la ragione non è connessa al particolare, ma all'universale. La fisica sta ottenendo straordinari risultati nell'indagine quantistica, ma subito le strutture di potere, la tecnologia, cercano di strumentalizzarli per calcoli e scopi utilitaristici, spesso distruttivi.

– Vuoi dire che anche la scienza attinge alla luce della risurrezione ma non se ne accorge?

– Proprio cosí. A me questa equivalenza sembra evidente: Cristo sta alla risurrezione come l'Anticristo sta alla bomba atomica, all'autodistruzione. La paura che incombe sul mondo, che pure ha prodotto in Occidente un lungo periodo di pace e sviluppato, nonostante le contraddizioni, ampi territori di consapevolezza, deriva dal pericolo sempre incombente di un uso irresponsabile dell'energia nucleare. L'Anticristo costituisce il concentrato dell'opposizione a Cristo presente nell'umanità, rappresenta il nucleo delle potenze egoiche, rapide, ingorde. Cristo apre all'infinito, l'Anticristo abusa del finito. Cristo libera, l'Anticristo possiede. È in continuo contatto con Cristo, si misura, impara da lui, cresce attraverso di lui, ma per potenziare sé stesso. Cristo emana luce sedimentandosi lentamente nel profondo, l'Anticristo si nutre di quella luce e la usa per i propri irresponsabili calcoli. Il pericolo è grande. Le forze contrarie, anche attraverso la tecnologia, hanno assunto il dominio di livelli sempre più sottili, sempre meno smascherabili. Ma più si accrescono, più l'amore cresce a dismisura per arginarle. L'amore è gratuito, infinito. Le forze contrarie sono legate all'utile, al finito, e sono destinate a esaurirsi, a finire, appunto.

19.

Ogni domenica mattina Antonella si reca a piedi alla tomba della mamma. Poi passa a trovare il padre. Arriva a Porta Romana, sale il San Gaggio e imbocca via del Podestà, l'antica strada, poco transitata, dove ancora, in prossimità della località Galluzzo, si può vedere l'austero palazzo della podesteria con i suoi stemmi. Antonella è nata e vissuta lí, in quel borgo, fino all'età di ventiquattro anni. Sono poco piú di tre chilometri dal centro di Firenze.

– È un momento di grande quiete. Specialmente quando entro in via del Podestà. Le case basse, i cancelli di ferro battuto un po' arrugginiti, i misteriosi giardini. Dai muri a secco sporgono chiome di ulivi, glicini, gelsomini; una nostalgia struggente mi accompagna a ogni passo. Salendo s'incontrano ex monasteri e antiche ville sulle cui bianche mura risalta il grigio delle pietre. Sulla cima del colle, subito dopo il convento delle suore Stimmatine, prima di via del Portico, si spalanca davanti un mare argenteo di ulivi. Poi la strada scende repentina costeggiata da una scura fila di cipressi. Lí, nascosto nel verde, si apre il vecchio cancello di ferro del cimitero dove riposa la mamma.

– È molto tempo che tua madre è mancata?

– Sono quattro anni, ma piú il tempo passa, piú il suo ricordo si fa vivo. Appena varcata la soglia, un silenzio avvolgente porta in un altrove. La sua foto, sulla croce bianca, guarda verso la Certosa. In quell'angolo protetto, dietro la parete della cappella centrale, c'è sempre il sole. Nostalgia e gioia sublime si mescolano in una intensità radiosa. Metto i fiori, annaffio la terra, rassetto. Silenzio, quiete, pace. Cosí sia!

Antonella riprende poi la strada che scende verso il paese. Saluta la chiesetta di Santa Lucia, oltrepassa il palazzo della podesteria, finché incrocia il traffico della via Senese. L'attraversa ed entra in una zona verde dove si trova la casa del babbo. Ha ottantasette anni ben portati. È autonomo, provvede a tutto da solo, casa e giardino. E ancora ripara orologi, soprattutto quelli antichi.

– Sono molto orgogliosa di lui. Spesso m'invita a pranzo. Arrivo e la tavola è già apparecchiata. I nostri posti di sempre e il posto della mamma vuoto, ma la sua assenza è una costante presenza.

– Ti va di raccontare di lei?

– Gli ultimi anni insieme, quelli della malattia, sono stati i piú dolci. Lei non sapeva niente, nessuno sapeva. Solo io e il babbo. È stata una strana vicenda. La sentenza arrivò improvvisa dopo un'ecografia fatta per un controllo, la mamma aveva allora settantasette anni e stava bene. Fu riscontrata una massa dietro lo stomaco. La Tac ci dette il verdetto finale: tumore alla testa del pancreas. Aspettativa di vita: tre mesi. Fu un dolore tremendo. Un cane mi mordeva alla bocca dello stomaco. Entravo in pustinia come divorata. Restando lí, immobile, scomparivo non so dove. Piano piano il morso si placava. Mi rialzavo liberata. Il pensiero di vederla soffrire mi angosciava, era cosí indifesa, innocente. Leggendo quel responso non si capiva gran che. Decidemmo di dirle che si trattava di una ciste. Accettò questa versione senza approfondire, senza chiedere niente, fidandosi di noi. Cominciò la spola fra gli oncologi. Quando leggevano quei referti, riconfermavano sempre la stessa sentenza: pochi mesi di vita, intervento per fare una biopsia al tumore e chemioterapia mirata.

– Come siete riusciti a tenerle nascosta la verità? A impedire ai medici di parlare in sua presenza?

– Il babbo e io ci muovevamo per lo piú da soli, comunque non è stato facile preservarla. Lei non sapeva, forse non voleva sapere. Intanto l'iter era partito. Il giorno prima dell'operazione cominciai a sentire una grande inquietudine. Quella scelta non mi convinceva. Decisi di parlare di nuovo con il chirurgo. Mi sedetti davanti alla porta del suo studio e lo aspettai. Quando arrivò gli chiesi a cosa servissero intervento e chemioterapia, visto che la mamma per ora stava bene e che c'era una prospettiva di vita di pochissimi mesi. Perché infliggerle subito una simile tortura? Rispose che quello era il protocollo, al che io, garbatamente, lo salutai dicendogli che non se ne faceva nulla. La mamma era la persona che piú amavo, quella decisione presa per lei mi angosciava. Mi tranquillizzò un amico medico dicendomi che avevo fatto la scelta giusta.

– Un bel coraggio, ma poi cosa è accaduto?

– La mamma accettò di intraprendere una cura alternativa. Decisi per un medico antroposofo che la sottopose a una rigorosa terapia e a una dieta completamente priva di proteine animali. Aveva già sperimentato la macrobiotica al tempo della mia malattia, cosí si adattò abbastanza bene all'alimentazione a base di verdure e cereali integrali. Le sue condizioni migliorarono, tutto il suo organismo ne beneficiava. Continuava il ritmo di sempre nella sua casa, fra le persone amate.

In estate, quando il babbo si recava nella casetta all'isola d'Elba, Antonella si trasferiva per un po' di tempo da lei.

– La mattina presto la mamma era solita fare una lunga passeggiata al parco, lungo il torrente. Andavo anch'io con

lei. Gli alberi ombrosi, il gorgoglio delle acque fin giú alla
spianata dei pioppi altissimi e bianchi. Al ritorno facevamo
la spesa in piazza, dai contadini, come ai tempi della
nonna. Poi, nella calura del giorno, ci chiudevamo in casa.
Passavamo i pomeriggi insieme sul letto a guardare i film
americani del dopoguerra che prendevo in prestito alla biblioteca comunale. Cosí trascorreva quel tempo della malattia che non durò pochi mesi, come avevano sentenziato
i medici, ma tre anni e mezzo. Un tempo intenso, dolce,
in cui sono caduti muri e distanze. Il babbo e io eravamo
sempre in pena non sapendo come sarebbero andate le cose
e temendo in ogni momento che tutto precipitasse. Lí ho
sperimentato dal vivo la forza della fede. Ho conosciuto il
senso profondo di un abbandono assoluto. Dopo tre anni
di vita serena e quasi normale cominciarono a manifestarsi
i sintomi. Mangiava sempre meno, si indeboliva. Cominciò la decadenza. La mamma continuava a fare le solite cose, ma era sempre piú fragile. Tuttavia ancora sperava in
una ripresa. Io mi sentivo in colpa per averla ingannata,
lei però non chiedeva, non cercava di sapere. Il babbo le
è stato vicino. Pronto, attento, sebbene non fosse facile
gestire la situazione. Alla fine, quando non era piú in grado di alimentarsi, ci rivolgemmo a una associazione di cure palliative. Nel frattempo, a causa di una caduta, si era
fratturata le costole. In un attimo tutto precipitò. Avevo
vegliato su lei, in quegli anni, tenendola al cospetto della
luce del Risorto. Offrivo tutto alla forza viva dell'amore
puro. La mamma era serena, non aveva dolori, soffriva solo
quando si sforzava ad assumere cibo. Dolce, fiduciosa, ma
sempre piú debole. Se ne stava lí a letto, abbandonata, la
finestra aperta sul verde, l'aria appena mossa dalla brezza.
Ebbe molto spasimo solo il penultimo giorno, quando le
fu iniettata la morfina e perse conoscenza. Lo sguardo si

fece assente, fisso. La notte fu lunga, aveva il respiro affannoso. Al mattino le mani erano fredde. Appena giunse il medico constatò che c'era un blocco renale e che era in sofferenza non potendo smaltire la morfina. Ci disse che andava addormentata. Ne fui molto turbata, chiesi tempo per chiamare i parenti. Il medico sarebbe tornato a fine mattina. Vennero tutti i piú stretti. La mamma soffriva. Scoppiò un temporale dopo giorni di grande calura. A ogni tuono lei muoveva i suoi occhi persi come se capisse. Poi tutti se ne andarono. Rimasi sola con lei. Avevo sempre pregato di poterla accompagnare fino all'ultimo istante, di essere presente nell'attimo della sua dipartita. Seduta sul letto le stringevo la mano. Il respiro sempre piú lento. Era domenica, suonarono le campane di mezzogiorno. Cominciai a recitare l'Angelus, a chiamare gli angeli, i santi, la nonna e il nonno, padre Bonanni: «Venite a prenderla, è pronta!» Pian piano la sua mano allentò la presa. Un ultimo respiro e poi non piú.

Dolcemente, come era vissuta, se n'era andata.

Il mio pianto a dirotto fece accorrere il babbo. Subito le chiuse gli occhi. Allora cominciai ininterrottamente a ripetere: «Angelo mio, angelo mio...» Sí, compresi distintamente di avere un angelo in cielo. Rimase ancora con noi due interi giorni. Allestimmo la camera ardente nella stanza da pranzo, dove c'era l'angolino da lei preferito. Quel corpo vestito di scuro aveva assunto una grande dignità, come se la nobiltà dell'anima le fosse interamente apparsa sul volto. Compresi solo allora come la docilità che la rendeva cosí mite e un po' ingenua in realtà celava la grande forza interiore con cui accettava tutto senza alcuna resistenza. Quella sua innocenza comprendeva ogni cosa. Probabilmente la mamma aveva capito tutto, anche della malattia. In quei giorni fu un andirivieni continuo di parenti e amici. Tutti erano sorpresi, nessuno sapeva, cosí cominciammo a raccontare quella inverosimile storia. Al suo funerale, come lei desiderava, le campane suonarono a festa. La chiesa era gremita, il clima gioioso. Piú che una cerimonia funebre sembrava un matrimonio. In pochi intimi l'accompagnammo al cimitero. Il sole caldo di fine agosto emanava una luce abbagliante su quella terra santa cosparsa di croci, tra il verde dei colli.

C'è una cosa che mi ha veramente colpito nel seguito del racconto di Antonella. Subito dopo la dipartita della mamma, quando non c'era nessuno ed era lí vicino a lei, cominciò a percepire la sua voce che la chiamava.

– «Lella! Lella!», era il mio soprannome. Lo ripeteva con voce argentina, con stupore e meraviglia. Interiormente il suo volto radioso mi sorrideva. Qualche giorno dopo, sulla tomba, mi raggiunsero queste parole: «L'amore puro non muore. Vive per sempre. È la sostanza della vita divina». Non mi stupivo piú di tanto, i nostri cuori erano come fusi e mi sembrava di far parte di ciò che lei ora viveva.

C'erano stati altri episodi di contatto con persone care defunte, ad esempio con padre Bonanni, Chiara di Cerbaiolo, la nonna.

– Era normale per me continuare un rapporto con i viventi che amavo. In particolare la nonna, dopo la sua morte, mi aveva parlato: «Mentre stavo morendo e soffrivo vedevo tutto e capivo, ma non potevo dire piú niente. Quell'immenso dolore aveva fatto cadere tutti i veli. Veglierò sempre su te. Il Vivente è in te, mai ti lascerà. Quando il sole si rabbuia, tu guarda l'orizzonte e vedrai sempre una luce radicata nel cuore di Dio. Accetta la tua strada che è di pregare per tutta la vita. Non aspettare l'ultimo giorno, quello della sofferenza e dell'addio. Comincia subito e sarai felice». Ho sempre sentito che la nonna vegliava su di me, che a lei dovevo la riscoperta della fede, ma non ricordavo affatto queste parole. Le ho ritrovate mentre in questi giorni sfogliavo i quaderni. Le ho sentite davvero profetiche.

Antonella racconta che, dopo la morte della mamma, durante il silenzio, il suo cuore subito andava da lei percependo qualcosa del suo nuovo stato. Le veniva naturale raggiungerla.

– Mi parla, o forse sono io che sento ciò che cerca di comunicarmi. Cosa accade non lo so. Sono momenti d'immensa beatitudine, di una unione intensa che travalica il tempo. Una tenerezza piú piena, una consolazione piú intima, un abbraccio piú intenso. Un di piú, come tutte le cose celesti. La mamma soffriva per il fatto di non comprendermi, di vedermi cosí sola. La prima cosa che cercò di comunicarmi era riferita a questo: «Ora vedo quello che tu hai visto e che io lí non vedevo. Adesso siamo insieme in questa visione. Sono sempre con te, non ti lascerò piú sola. Il mio cruccio era di non capire, ma io non vedevo quello che tu vedevi. Ora lo vedo anche di piú e da qui ti terrò ferma la visione, affinché tu cessi di faticare». In effetti, non sono piú sola, incompresa. Adesso lei mi sostiene. Lo percepisco concretamente. Si sono realizzate cose impensabili; mi aiuta in tante situazioni, mi libera da ciò che fa da ostacolo. Sono certa, Paolo, che è stata la mamma a metterti sulla mia strada.

– Ti prego, leggi ancora qualche passo da questi quaderni.

– Ti leggerò le prime pagine, cosí come le ho ricevute: «Qui il tempo non scorre, è sempre oggi. È la luce che cambia e si fa sempre piú intensa. Il tempo è fermo perché aderisce al vero, ma il vero che è già tutto lí, affiora quanto piú la luce si fa intensa, togliendo i veli dell'inconsapevolezza che fanno scorrere il tempo.

Io sono nella pace e nella luce. Quello che ricevo lo riverbero giú, verso di voi. La luce è dappertutto e io la vedo, ma il mondo dentro cui voi siete, appare in questa luce come una nube oscura. Per guardare a voi devo guardare in questa nube e scorgere le vostre luci che, nella caligine tenebrosa, anelano a salire. Guardando a questa oscurità da qui, dove ora sono, non perdo però mai la visione della luce che è costante come sole a mezzogiorno che mai tramonta. La vedo tutt'intorno a me, ma ancora non sono neppure io dentro la visione, bensí come fuori, anche se prossima e attraversata. La luce che mi raggiunge e mi pervade mi porta una pace lieta e gioiosa che mi fa stare in un'attesa quieta in cui ogni cosa si compie. E si sta già compiendo perché io sono attraversata, lavata, resa a ogni onda sempre piú luminosa e piú prossima. E quell'onda che ricevo, la lascio fluire verso di voi, dove il palpito del mio cuore piú vibra. E quel flusso d'amore che vi raggiunge lava anche voi e vi rende piú luminosi sciogliendo in voi il dolore e facendovelo sentire come nostalgia di me, che sono quassú e vi guardo e vi amo, ma sono anche lí, dov'è la vostra luce eterna in voi.

Il dolore dell'addio è per tutti. Per voi che lasciate noi, ma anche per noi che lasciamo voi. Quell'onda che attraversa me, io la lascio venire fino a voi, ma voi la dovete accogliere e sentire. Soltanto i cuori accesi vivono l'amore che è luce, fuoco e calore. E questo calore ha bisogno di essere sentito affinché l'amore rimanga vivo e scorra per nutrire e portare la gioia dello stare insieme, la gioia dell'unione. L'amore che unisce è l'amore stesso di Dio. Dove c'è unità, c'è una goccia viva dell'amore di Dio. Amore puro, lí non ci sono piú veli. Da quella goccia d'amore puro tutto si ricrea, tutto s'illumina di luce e la caligine scompare. Quella goccia d'amore puro fa entrare nella luce pura, non siamo

piú fuori a guardare, ma dentro, dentro. Questo è il paradiso. E noi siamo lí, in quella goccia di paradiso, sempre
unite. E piú restiamo lí e assimiliamo quel bene, piú quel
bene si effonde tutto d'intorno. Questo bene che s'irrag-
gia da quella goccia che appartiene a Dio, va dove il cuore sa, e il cuore sveglio lo sa. Questo centro d'amore puro
che ci univa ha dato l'impronta alla mia nuova nascita. Il
cielo si è spalancato come un sole e subito è passato ogni
dolore, come se cadesse giú e piú non fosse, come se il corpo piú non fosse. Il distacco dentro quel centro d'amore
è stato lieve e io mi sono ritrovata in paradiso, subito accolta da una grande luce. La visione si è aperta sconfinata
e mi ha dato le ali per restare lí. Sí, perché, per restare in
quella luce, è necessario avere le ali. Le ali della leggerezza dell'amore puro. L'angelo risorge dalla carne e dona le
ali per muoversi nella leggerezza dell'amore. Poi ho sentito il bisogno di fermarmi perché voi lí non c'eravate e io
invece volevo subito cercarvi per restare unita a voi. Cosí
adesso sono qui, come ferma in volo, per lasciare che la
luce entri e purifichi quella caligine dei legami affinché si
trasformi in comunione d'amore per sempre».

Qui finisce la consegna. Accoglierla. Trovare il linguaggio giusto per poterla comunicare non è stato facile. Il silenzio è una realtà nella quale, quando ci si immerge, non
si sa dove si viene portati. È una traversata che non ha fine
e i cui tratti affiorano piano piano. Piú di due anni fa, il
primo giorno che mi recai in treno da lei, non immaginavo niente di cosa mi aspettava. Ora tutto è divenuto piú
chiaro. Questa esperienza, in sintesi, testimonia la stretta
connessione che c'è tra mondo terreno e mondo spirituale.
Non ci sono distanze irraggiungibili fra i due mondi, solo
porte aperte da attraversare.

Post Scriptum

Conobbi Antonella grazie al mio giornale che mi chiese un'inchiesta sugli eremiti di città. Accadde in un momento particolare della mia vita, proprio quando stava maturando dentro di me il desiderio di incontrare un mistico. Chiesi aiuto a Cristina Saviozzi, autrice di un libro sugli eremiti: *Come gufi nella notte* (San Paolo 2010). Cristina mi parlò di Antonella e, visto che dovevo recarmi a Firenze, mi consigliò anche di conoscere Julia Bolton Holloway, una suora ed eremita custode del cimitero degli Inglesi di piazzale Donatello. Sentii in Julia il desiderio di rimanere nascosta. Accettò d'incontrarmi solo a patto di rilasciare per la mia inchiesta poche notizie. Anche Antonella inizialmente si dimostrò un po' restia a scoprirsi, ma poi cambiò atteggiamento. Tornai a trovarla altre volte e compresi che c'era in lei un preciso bisogno di aprirsi, di comunicare la sua esperienza, nella speranza che, attraverso le sue parole, altri potessero scoprire la via del silenzio come realtà possibile.

Cosí è nato questo libro, scritto a due mani, che dice molto, ma non tutto. Per me ha costituito l'occasione di avvicinarmi a una dimensione della vita oggi poco considerata seppure sempre piú necessaria. Non occorrono doni particolari, servono invece desiderio, pazienza e un bisogno autentico di rivolgersi verso l'interiorità.

Fin dall'inizio l'intento è stato quello di far parlare il silenzio riportando esclusivamente quanto scaturito da Antonella senza rimaneggiamenti.

Pertanto questo libro non è che un assaggio, un invito a sperimentare quello che è piú intimo e connaturato a ogni essere umano.

*Questo libro è stampato su carta contenente fibre certificate FSC®
e con fibre provenienti da altre fonti controllate.*

*Stampato per conto della Casa editrice Einaudi
presso ELCOGRAF S.p.A. - Stabilimento di Cles (Tn)
nel mese di agosto 2016*

C.L. 22363

Edizione								Anno			
1	2	3	4	5	6	7		2016	2017	2018	2019